陳福成著

陳福成著作全編

第六十七冊 政治學方法論概說

文史哲出版社印行

國家圖書館出版品預行編目資料

陳福成著作全編 / 陳福成著. -- 初版. --臺北
市：文史哲,民 104.08
  頁： 公分
  ISBN 978-986-314-266-9（全套：平裝）

848.6   104013035

陳福成著作全編

第六十七冊　政治學方法論概說

著　　者：陳　　　福　　　成
出　版　者：文　史　哲　出　版　社
　　　　　http://www.lapen.com.tw
登記證字號：行政院新聞局版臺業字五三三七號
發　行　人：彭　　　正　　　雄
發　行　所：文　史　哲　出　版　社
印　刷　者：文　史　哲　出　版　社
　　　　　臺北市羅斯福路一段七十二巷四號
　　　　　郵政劃撥帳號：一六一八〇一七五
　　　　　電話886-2-23511028 · 傳真886-2-23965656

全 80 冊定價新臺幣 36,800 元
二〇一五年（民一〇四）八月初版

陳福成著作全編 總目

總　序

陳福成的一部文史哲政兵千秋事業

　　陳福成先生，祖籍四川成都，一九五二年出生在台灣省台中縣。筆名古晟、藍天、司馬千、鄉下人等，皈依法名：本肇居士。一生除軍職外，以絕大多數時間投入寫作，範圍包括詩歌、小說、政治（兩岸關係、國際關係）、歷史、文化、宗教、哲學、兵學（國防、軍事、戰爭、兵法），及教育部審定之大學、專科（三專、五專）、高中（職）等各級學校國防通識（軍訓課本）十二冊。以上總計近百部著作，目前尚未出版者尚約二十部。

　　我的戶籍資料上寫著祖籍四川成都，小時候也在軍眷長大，初中畢業（民 57 年 6 月），投考陸軍官校預備班十三期，三年後（民 60）直升陸軍官校正期班四十四期，民國六十四年八月畢業，隨即分發野戰部隊服役，到民國八十三年四月轉台灣大學軍訓教官。到民國八十八年二月，我以台大夜間部（兼文學院）主任教官退休（伍），進入全職寫作高峰期。

　　我年青時代也曾好奇問老爸：「我們家到底有沒有家譜？」

　　他說：「當然有。」他肯定說，停一下又說：「三十

八年逃命都來不及了，現在有個鬼啦！」

兩岸開放前他老人家就走了，開放後經很多連繫和尋找，真的連鬼都沒有了，茫茫無垠的「四川北門」，早已人事全非了。

但我的母系家譜卻很清楚，母親陳蕊是台中縣龍井鄉人。她的先祖其實來台不算太久，按家譜記載，到我陳福成才不過第五代，大陸原籍福建省泉州府同安縣六都施盤鄉馬巷。

第一代祖陳添丁、妣黃媽名申氏。從原籍移居台灣島台中州大甲郡龍井庄龍目井字水裡社三十六番地，移台時間不詳。陳添丁生於清道光二十年（庚子，一八四〇年）六月十二日，卒於民國四年（一九一五年），葬於水裡社共同墓地，坐北向南，他有二個兒子，長子昌，次子標。

第二代祖陳昌（我外曾祖父），生於清同治五年（丙寅，一八六六年）九月十四日，卒於民國廿六年（昭和十二年）四月二十二日，葬在水裡社共同墓地，坐東南向西北。陳昌娶蔡匏，育有四子，長子平、次子豬、三子波、四子萬芳。

第三代祖陳平（我外祖父），生於清光緒十七年（辛卯，一八九一年）九月二十五日，卒於（年略記）二月十三日。陳平娶彭宜（我外祖母），生光緒二十二年（丙申，一八九六年）六月十二日，卒於民國五十六年十二月十六日。他們育有一子五女，長子陳火、長女陳變、次女陳燕、三女陳蕊、四女陳品、五女陳鶯。

以上到我母親陳蕊是第四代，到筆者陳福成是第五代，與我同是第五代的表兄弟姊妹共三十二人，目前大約半數仍在就職中，半數已退休。

寫作是我一輩子的興趣，一個職業軍人怎會變成以寫

作為一生志業，在我的幾本著作都詳述（如《迷航記》、《台大教官興衰錄》、《五十不惑》等」。我從軍校大學時代開始寫，從台大主任教官退休後，全力排除無謂應酬，更全力全心的寫（不含為教育部編著的大學、高中職《國防通識》十餘冊）。我把《陳福成著作全編》略為分類暨編目如下：

壹、兩岸關係

　　①《決戰閏八月》　②《防衛大台灣》　③《解開兩岸十大弔詭》④《大陸政策與兩岸關係》。

貳、國家安全

　　⑤《國家安全與情治機關的弔詭》　⑥《國家安全與戰略關係》　⑦《國家安全論壇》。

參、中國學四部曲

　　⑧《中國歷代戰爭新詮》　⑨《中國近代黨派發展研究新詮》　⑩《中國政治思想新詮》　⑪《中國四大兵法家新詮：孫子、吳起、孫臏、孔明》。

肆、歷史、人類、文化、宗教、會黨

　　⑫《神劍與屠刀》　⑬《中國神譜》　⑭《天帝教的中華文化意涵》⑮《奴婢妾匪到革命家之路：復興廣播電台謝雪紅訪講錄》　⑯《洪門、青幫與哥老會研究》。

伍、詩〈現代詩、傳統詩〉、文學

　　⑰《幻夢花開一江山》　⑱《赤縣行腳‧神州心旅》　⑲《「外公」與「外婆」的詩》、⑳《尋找一座山》㉑《春秋記實》　㉒《性情世界》　㉓《春秋詩選》　㉔《八方風雲性情世界》　㉕《古晟的誕生》　㉖《把腳印典藏在雲端》㉗《從魯迅文學醫人魂救國魂說起》　㉘《六十後詩雜記詩集》。

陸、現代詩（詩人、詩社）研究

㉙《三月詩會研究》 ㉚《我們的春秋大業：三月詩會二十年別集》 ㉛《中國當代平民詩人王學忠》 ㉜《讀詩稗記》 ㉝《嚴謹與浪漫之間》 ㉞《一信詩學研究：解剖一隻九頭詩鵠》 ㉟《囚徒》 ㊱胡爾泰現代詩臆說 ㊲王學忠籲天詩錄。

柒、春秋典型人物研究、遊記

㊳《山西芮城劉焦智「鳳梅人」報研究》 ㊴《在「鳳梅人」小橋上》 ㊵《我所知道的孫大公》 ㊶《孫大公思想主張手稿》 ㊷《金秋六人行》㊸《漸凍勇士陳宏》。

捌、小說、翻譯小說

㊹《迷情・奇謀・輪迴》 ㊺《愛倫坡恐怖推理小說》。

玖、散文、論文、雜記、詩遊記、人生小品

㊻《一個軍校生的台大閒情》 ㊼《古道・秋風・瘦筆》 ㊽《頓悟學習》 ㊾《春秋正義》 ㊿《公主與王子的夢幻》 ⑤①《洄游的鮭魚》 ⑤②《男人和女人的情話真話》 ⑤③《台灣邊陲之美》 ⑤④《最自在的彩霞》 ⑤⑤《梁又平事件後》。

拾、回憶錄體

⑤⑥《五十不惑》 ⑤⑦《我的革命檔案》 ⑤⑧《台大教官興衰錄》 ⑤⑨《迷航記》 ⑥⓪《最後一代書寫的身影》 ⑥①《我這輩子幹了什麼好事》 ⑥②《那些年我們是這樣寫情書的》 ⑥③《那些年我們是這樣談戀愛的》 ⑥④《台灣大學退休人員聯誼會第九屆理事長記實》。

拾壹、兵學、戰爭

⑥⑤《孫子實戰經驗研究》 ⑥⑥《第四波戰爭開山鼻祖賓拉登》。

拾貳、政治研究

⑥《政治學方法論概說》 ⑧《西洋政治思想史概述》
⑥《中國全民民主統一會北京行》、⑦《尋找理想國：中國式民主政治研究要綱》。

拾參、中國命運、喚醒國魂

⑦《大浩劫後：日本 311 天譴說》、《日本問題的終極處理》 ⑦《台大逸仙學會》。

拾肆、地方誌、地區研究

⑦《台北公館台大地區考古‧導覽》 ⑦《台中開發史》
⑦《台北的前世今生》 ⑦《台北公館地區開發史》。

拾伍、其他

⑦《英文單字研究》 ⑦《與君賞玩天地寬》（別人評論） ⑦《非常傳銷學》 ⑩《新領導與管理實務》。

我這樣的分類並非很確定，如《謝雪紅訪講錄》，是人物誌，但也是政治，更是歷史，說的更白，是兩岸永恆不變又難分難解的「本質性」問題。

以上這些作品大約可以概括在「中國學」範圍，如我在每本書扉頁所述，以「生長在台灣的中國人為榮」，以創作、鑽研「中國學」，貢獻所能和所學為自我實現的途徑，以宣揚中國春秋大義、中華文化和促進中國和平統一為今生志業，直到生命結束。我這樣的人生，似乎滿懷「文天祥、岳飛式的血性」。

抗戰時期，胡宗南將軍曾主持陸軍官校第七分校（在王曲），校中有兩幅對聯，一是「升官發財請走別路、貪生怕死莫入此門」，二是「鐵肩擔主義、血手寫文章」。前聯原在廣州黃埔，後聯乃胡將軍胸懷，「鐵肩擔主義」我沒機會，但「血手寫文章」的「血性」俱在我各類著作詩文中。

　　人生無常，我到六十三歲之年，以對自己人生進行「總清算」的心態出版這套書。

　　回首前塵，我的人生大致分成兩個「生死」階段，第一個階段是「理想走向毀滅」，年齡從十五歲進軍校到四十三歲，離開野戰部隊前往台灣大學任職中校教官。第二個階段是「毀滅到救贖」，四十三歲以後的寫作人生。

　　「理想到毀滅」，我的人生全面瓦解、變質，險些遭到軍法審判，就算軍法不判我，我也幾乎要「自我毀滅」；而「毀滅到救贖」是到台大才得到的「新生命」，我積極寫作是從台大開始的，我常說「台大是我啟蒙的道場」有原因的。均可見《五十不惑》、《迷航記》等書。

　　我從年青立志要當一個「偉大的軍人」，為國家復興、統一做出貢獻，為中華民族的繁榮綿延盡個人最大之力，卻才起步就「死」在起跑點上，這是個人的悲劇和不智，正好也給讀者一個警示。人生絕不能在起跑點就走入「死巷」，切記！切記！讀者以我為鑒！在軍人以外的文學、史政有這套書的出版，也算是對國家民族社會有點貢獻，對自己的人生有了交待，這致少也算「起死回生」了！

　　順要一說的，我全部的著作都放棄個人著作權，成為兩岸中國人的共同文化財，而台北的文史哲出版有優先使用權和發行權。

　　這套書能順利出版，最大的功臣是我老友，文史哲出版社老闆彭正雄先生和他的夥伴們。彭先生對中華文化的傳播，對兩岸文化交流都有崇高的使命感，向他和夥伴致上最高謝意。（台北公館蟾蜍山萬盛草堂主人　陳福成　誌於二〇一四年五月榮獲第五十五屆中國文藝獎章文學創作獎前夕）

政治學方法論概說

目　次

序：你懂不懂方法論，只要回答：
假設是「真」的還是「假」的？

一、前　言

　　我們從讀中學時代就開始「假設」了，「設函數……，則函數值……」、「設 n 為自然數……，求證……」、「若……則……」，數學、幾何好像永遠都在假設，那時候也沒人去弄清楚「到底什麼是假設？」其意義何在？老師也從未說過，那應該是個「不知而行」的年代吧！管他求證結果是真？還是假？

　　近幾年來，政壇上也流行起假設。當民意代表質詢政府官員時，或當媒體記者問政治人物某些敏感話題，甚或許多人不想回答問題時，都會推說「這個假設性問題不便回答」，假設成了最安全的「避風港」，好像只要躲進「假設港」，就能免除後遺症和殺傷力，到底是真的，還是假的？

　　到了大學以上就有「研究方法」課程（或稱「方法論」，Methodology，在空大有周文欽教授著「研究方法概論」），在這些講述研究方法的內容中，頗多篇幅在談論「假設」，非假設的章節也大多和假設有關，不少人在假設的迷陣中轉來轉去出不來，到學期結束還有很多人弄不清楚「假設是真的，或假的！」

　　假設會成為初入學術領域的初學者的迷陣，是因為假設是一個多面人，可以為假、為真，或為是、為非，也可以為有、為無……有時假設像「鬼」，又像外星人，大家都在說，就是不清楚有沒有。本文試圖用較淺明的詞句與大家談談「假設」的各類面貌和關係。

二、假設的界定與標準

　　假設(Hypothesis)，有時候稱「假定」、「姑設」或「姑說」等不同的說法，有「姑且先這麼說，尚待進一步驗證。」之意，所以假設也稱為一種「命題」(propositions)。用方法論的文詞下個界定，「假設是若干概念聯繫的一種系統。」如此界定除具有專業素養的人看懂，絕大多數的人都「有看沒有懂」。舉例說明之，有兩個概念：權力和腐化，把這兩個概念加以界定（有一定的職位可以影響別人所要叫權力，別人有要求於這位在職者，經常要送紅包，此種現象叫腐化）。現在就可以製成一個假設：權力使人腐化。故從結構上分析，假設與定律、理論並無差別，都是解釋兩個以上概念。

　　撇開專用術語，從人們生活成長過程來看，我們對於經驗世界的觀察，所提出來的解釋都叫假設。例如古老的人類以「眼見為證」就說「地球是一個大方塊」，以後又有人說「地球是圓的」，這些解釋都叫假設。我們常聽人脫口而出說「天下的烏鴉都是黑的」，乃是有人看到烏鴉第一隻、第二隻……第九十九隻都是黑的，就下個結論：有這麼多的證據，可見「天下烏鴉都是黑的」。

我們深思追問，地球是圓的嗎？天下烏鴉都是黑的嗎？其實這些都是「暫時性假設」（筆者就親眼看過一隻白烏鴉）。當初提出那些假設的人，其實都不認為只是假設，而自認為是一種理論、定律，甚至當成真理。在我們所住的這個大千世界裡，大多是假設或理論，能稱「定律」的不多，能叫「真理」的更是極少。所以提出一個假設要很嚴謹，已故自由主義思想家殷海光教授（曾任教於台灣大學）認為假設要合乎若干要件，也是必要標準。

㈠假設必須可以證實或否證（推翻）

我們提出一個假設，必須要能證明其真、假、有、無，凡不能者，就不可以成為一個假設，如「李家的房子最近鬧鬼」，這要如何證明為有，或為無呢？恐怕用盡人力財力都不能驗明是真是假！即不能證實又無法推翻，假設就不能成立。我們勸人為善，說「善有善報，惡有惡報；不是不報，時候未到。」但也常見善者不得好報，惡者長享榮華富貴，善惡之間的因果關係不能證實或推翻，當成假設則毫無價值，當成鼓勵人心向善則有價值。又例如「呂副總統打電給嘿嘿嘿……」這就是一個合標準的假設，在經驗科學中是最簡單的問題（命題），是真、假、有、無，一驗證便知。

㈡假設必須在當代知識系統範圍內

這是說假設要和當時代人們的知識相一致，脫離知識領域製成的假設，非狂妄之徒，便是幼稚無知。例如我們常看星際大戰之類的影片，人可以在宇宙間各星球隨意傳輸，於是某科學家提

出假設「根據質能互換原理，人可以在瞬霎間來去各星球。」在我們有限的生命中這可能無法證實，所以是個失敗的假設。但是，當代現有知識系統若永遠不去突破，「地球豈不永遠都是方的」，人類知識永遠在原地踏步。所以，提出超越的假設，還是以現有知識為基礎，只是這種超越「假設」仍然是可檢驗的，。

㈢假設必須可以推論

合乎科學的假設是以「如果……則……」形式製成，這是一種推論，運用現有已知要件推論尚未出現的情況。在方法論上稱「解釋與預測」(Explanation and prediction)，例如假設「如果台灣宣佈獨立，則中共以武力犯台。」這是一個合乎科學的推論－一個假設，因為可以驗證（獨立與戰爭），只是我們尚未去驗證這個假設。另一推論稱「類比」(Analogy)，如某甲有 a、b、c 諸點，於是有 d 點；某乙也有 a、b、c 各點，故推論乙也有 d 點。科學家常在做這種「假設研究」，地球上有陽光、空氣、水，故有生物存在；其他星球若有與地球相似之點，推論應有生物存在。顯然，推論是有些危險和欠準的，所以假設的推論要控制準度，並且檢查結論，才能提高「真」的程度。

三、假設的種類與表達

國內對方法論素有研究的郭秋永教授，把假設區分成統計假設(Statistical hypothesis)和實質假設(Sustantive hypothesis)兩種，前者是假設用量化或統計語詞表達；後者用抽象方式加以陳述，不用量化或統計語詞表達。

空中大學教授周文欽按變項是否可測量，分成研究假設(Research hypothesis，又稱「科學假設」，就是郭秋永教授的實質假設)和統計假設。研究假設依變項間關係及可否測量又分四種，可用表一表示之，表內四種假設的意義可參閱周文欽「研究方法概論」一書，本文為簡化起見，在假設的表達方面，舉實質和統計假設兩種說明之。

【表一】 研究假設的種類

	變項是否可測量	
	否	是
變項間關係　有	文義型對立假設	操作型對立假設
無	文義型虛無假設	操作型虛無假設

㈠實質假設

首先是實質假設的表達，是使用一般文字撰寫，以抽象方式加以陳述。今舉目前國內最敏感熱門的統獨與國家安全問題，製作三個實質假設：

1.如果台灣宣佈獨立，則中共以武力犯台解決中國統一問題，美日依安保條約精神，應能以軍事介入協防台灣。

2.美國為持續其全球霸權與國家利益，在中國政策上採「明統暗離」政策，以期永久圍堵及弱化中國。

3.如果台灣有了神盾艦和愛國者三型飛彈，或加入TMD（戰區飛彈防禦系統），就能進行「境外決戰」，阻止中共武力犯台。

㈡統計假設

　　其次是統計假設，使用統計符號或量化語言來呈現，周文欽教授用簡單的對照表達，讓學者易懂，各種符號意義如表二。需要特別說明的是，統計假設表達總是用希臘字母，常用的是μ和P，μ是母群平均數（μ_1 代表男生數學能力，μ_2 代表女生數學能力）；代表母群的相關系數（數學與物理成績的相關係數，不等於零是有相關，等於零是無相關）。

【表二】　統計假設與研究假設表達對照表

研究假設（實質假設）
1.男生的數學能力比女生來得好。 2.數學成績與物理成績有相關。
統計假設：
1. $H_0：\mu_1 \leq \mu_2$ 　　$H_1：\mu_1 > \mu_2$ 2. $H_0：P=0$ 　　$H_1：P \neq 0$
符號說明：
H_1：對立假設 H_0：虛無假設 μ：母群平均數（男μ_1，女μ_2） P：母群相關係數

四、假設的驗證方法

　　提出假設後，接著就要驗證這個假設是真是假？是有是無？以決定這項假設是該被推翻？或有很多證據可以證實為真，這就

是假設的驗證方法。還是按照實質與統計假設兩種略述之。

　　實質假設的驗證方法，常用者有調查、觀察、實驗法，乃至訪談、問卷、檢視文件（歷史文件）等都是。每一方法各有精確的涵義、分類、步驟和實施程序，讀者可自行參閱相關專書。惟實質假設通常用抽象語句表達，非統計符號或量化的呈現，當假設狀況與驗證後的實況有落差時，常依主觀判定真偽（有無），受到主觀價值影響。這種「缺點」的克服，有賴研究者保持價值中立。

　　其次是統計假設的驗證，周文欽在「研究方法概論」上提到四個步驟：第一是衣研究假設提出統計假設；再次選擇統計方法；第三決定顯著水準(Level of Significance)；最後是進行統計分析與裁決。第一步驟如前節「統計假設與研究假設表達對照表」，第二步驟的統計方法頗多，讀者可自行參閱統計學專書，第三步驟要對虛無假設(H_0)和對立假設(H_1)做「二選一」選擇，最後依統計分析做裁決，決定該假設成立或推翻。

五、假設在研究（讀書）與人們社會生活中的定位

　　一般人對「假設」這種東西有些刻板而略帶畏懼的感覺，總以為在純科學（如數學）才要假設，殊不知假設就在我們日常讀書、研究、生活與思考之中，假設是文明社會的一部份，甚至是文明的「指標」。略述假設四種定位如次。

㈠假設是研究（讀書）過程中的環節

　　大概在大學以上（含大學、碩士、博士、博士後）的學者，

都免不了要做一些研究，同時提出論文（報告），或發表著作。當研究者決定主題、目的、架構後，研究者還要依據目的，進一步提出研究問題，針對問題擬訂出「暫時性的答案」，這個答案也可能是未來研究的結果，此亦就是假設與驗證。整個過程可以表三表示之。

【表三】　假設在研究過程中的定位

主題	→	目的	→	架構	→	假設	→	設計	→	蒐集資料	→	分析資料	→	研究結果	→	研究報告

㈡假設是理論建構的初步

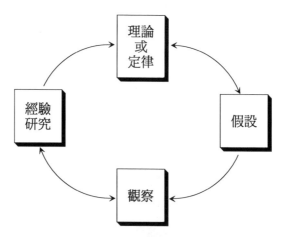

【圖一】　假設在理論建構過程的定位

　　任何科學研究的最終目標，都在尋找「統一理論」，或希望得出「定律」。但世間除數理與自然科學有所謂「定律」或「統一理論」（亦非永恆的真理）外，社會人文科學通常只是「理

論」罷了！人類社會不斷進步，也可以歸功於這個「假設」與「「理論」的不斷循環，我們不止息的提出各種假設（如星際旅行），進行觀察與研究，也許得到一種新理或定律，不久又被新的假設證實而修正或推翻，又建構另一套更新的理論系統，這個循環過程如圖一所示。

㈢假設是從非知識世界到知識世界的橋樑

人從呱呱墜地，走進這個花花大千世界，就開始透過觀察、學習、研究的過程獲得各種知識，我們甚至可「假設」，小兒初生時的「啟呱呱而泣」是成長中的「第一個假設」。以後他不斷成長，小學、國中、高中……，他對觀察到的事物、天上的星星、國內政局……也有了「暫時性答案」，此時的答案可能止於想像或情緒，非知識的。他再成長，不斷觀察研究，相像與情緒的非知識成分愈來愈低，他開始進入知識世界，獲得更多客觀知識－真正的寶物。假設是從非知識世界到知識世界的橋樑。

㈣是否懂得提出假設是文明與野蠻的分水嶺

在文明初露曙光的社會，人們言行多受到圖騰、信仰、教條、祖制的規範，對自然現象的解讀常基於神意或啟示的原因，對現況及未來方向也由卜筮、籤語或符籙才能尋獲定位。他們不需要知識，所以他們不會運用假設。但文明不斷演進，人們愈來愈需要知識，就開始懂得提出假設，製作假設的技術也愈精確，結果就是文明程度愈來愈高。終於，許多社會從神治、人治，邁向法治社會－現代社會。是否懂得提出假設是文明與野蠻的分水嶺。

六、結　語

　　本文以假設為問題的核心，與諸君閒聊假設的涵義、種類、表達、驗證、定位等，我們可以說得更徹底些，這世界上並沒有恆久不變的理論、定律、法律、道德，牛頓或愛因斯坦的定律都一再被修正，法律不出一代（十年）就要重頒，所謂「道德」觀念不出數年就被新一代顛覆。換句話說，用最寬廣的心和最自由的思想詮釋這個世界，這一切都是假設。定律或理論不過是「暫時的假設」，「我的看法」是假設，「你的看法」也是假設，但我們要尊重彼此的看法和假設。

導讀：最精略的方法論
——研究方法中的四個關鍵性問題

壹、前　言

　　現代學術研究領域中，不論從事社會、人文、自然或醫療等研究，從開始到結束，最後用一定形式（論文、報告或發表會等）表達出來。把研究成果公諸於世，不僅表示自己有所創見，也期望研究成果能對人類社會有濟世之用，對文明演進和觀念啟蒙產生一些作用，相信這是研究者最大心願。想在研究領域中實現一點點心願，小到提出一篇短篇論文，大到研究國家、社會中的長篇大論，主持重大實證研究等，都少不了在研究全程中遵循一定的研究方法。

　　研究方法似乎千頭萬緒，但提綱契領加以簡化，不外是四個關鍵係問題的思維邏輯。只要了解這四個問題的內涵與外延，所謂「研究方法」已大致在掌握之中。

貳、之一：關於「研究方法」的層次與瞭解運用

　　研究方法其實只是一些工具（思維或操作上的工具），就像一把刀，武林爭勝用寶刀，殺豬當然用「殺豬刀」。但研究方法

的區分在學術界常有混淆的情形，而且在政壇上被錯用誤用當成政爭工具（如假民意調查）。吾等讀書、教學、研究的人，千萬要把工具做正確的使用。

　　所謂「研究方法」，正確區分成三個層次。首先是方法論(Methodology)，這是包含自然科學和哲學上的知識論，及所有人文社會科學的共同問題。其重要內涵是概念(Concept)的界定與引入、假設(Hypothesis)與定律的發展、理論(Theory)建構（最好是「統一理論」）等。有了定律與理論便能對主客觀環境中的各種事務（物），進行解釋與預測，或成為發展新理論新定律的基礎。這整個過程有一定的程序必須遵循，研究過程中保持價值中立(Value-Nautrality)是重要的堅持與心態。惟因「統一理論」的欠缺。在解釋與預測上頗多爭議，以歷史解釋為例就有「全體論」和「個體論」兩種類型。

　　全體論的歷史解釋就是方法論上的全體論(Methodological holism)。認為歷史實體(Historical Reality)是一個不可分的整體，先於人類而存在，歷史法則也是先於經驗而存在的普遍法則(A priori universal law)，由它決定歷史發展的方向與合理性。既然歷史發展有先驗性的普遍法則引導，則歷史是可以預測的，非人力所能阻止或改變。馬克斯(K. Mark)、湯恩比(A. T. Toynbee)都是這個類型的觀點。

　　個體論的歷史解釋就是方法論上的個體論(Methodological Individualism)。認為歷史不是一個實體，歷史事件都是個別的，所謂「先驗性的普遍法則」根本不存在。如果沒有人的存在與行為，那些「社會」、「國家」或「歷史」也就不存在。既然沒有普遍法則的存在，歷史就是不可預測。現代經驗論的流行都持這

個觀點。此處只是從方法論的瞭解上舉例說明，其他學科的方法論也有類似不同論點。

研究方法的第二層次是研究途徑(Approach)。在現代科學社會研究分析中，Approach有兩個基本含義，其一是指研究者在研究問題所採用基本觀念、模式與方法；其二是指學者因運用不同觀念、模式與方法，而形成的各種學派，其實是一些理論，有學者稱「概念架構」(Conceptual Framewoeks)。例如在教育研究領域常用的研究途徑，有調查研究法、觀察研究法、個案研究法、人種誌研究法、實驗研究法等。在政治研究領域常用的研究途徑，有實證政治研究途徑、行為科學途徑、結構與功能分析、系統理論、集團途徑、決策理論、溝通理論、政治精英研究途徑、組織分析及心理研究法等。

不論稱「研究法」、「分析」或「理論」，都是一種「概念架構」，只是一種研究「途徑」。讀者若想深入了解自己所學相關學科的研究途徑，在圖書館或書店都能找到專書可用。

研究方法的第三層次，是底層可操作的技術或方法(Techniques or Methools)，如文獻蒐集與整理、樣本選擇、測驗編製、推論統計、民意調查、問卷設計、研究日誌撰寫、研究設計、參與觀察扮演、訪談設計等，乃至量化、模擬、假投票等，都是這個層次的研究方法。

現在讀者手上拿的是何種層次（水準）的刀，是「殺豬刀」或「倚天劍、屠龍刀」？就要看功力（努力）了。但刀只是一個「死的工具」，為善為惡仍存乎人心。此次大選（九十年十二月一日立法委員及縣市長選舉），上層者政客拿「倚天劍、屠龍刀」到處為惡（抹黑、造謠）；下層者幕僚人員拿著「殺豬刀」

亂揮（假民調、假廣告），凡此，都是方法（工具）上的惡用，甚至有些學術界、讀書人參與為惡，都深值我們深刻反省，進而研究未來改進之道。

參、之二：研究計畫——開始到總結研究過程的安排

我們常對「研究計畫」、「研究設計」和「研究過程」三者有所混淆，實則研究計畫範疇最廣，研究設計次之，研究過程再次之。但以研究過程為整個研究的主體，是從研究主題→歷程→提出成果報告之完整主體工程。

所謂「研究計畫」(Plan of Research)，乃主事者（研究者）欲從事一項研究或工作，所事先策訂的計畫。以軍事上的作戰計畫說明，欲從事一項作戰應先擬訂可行的作戰計畫，完全針對作戰行動規劃提出計畫（主體計畫）。但為使作戰順利仍須其他週邊計畫的配合，如人事計畫、情報計畫、後勤及政治作戰計畫等。

在學術究領域中，對研究方法日愈重視，任何研究事先應有周詳研究計畫（從主體到周邊）。其要點視研究主體之大小包含以下各部份。

一、主體問題相關背景說明：含與問題相關的大環境和特殊環境，對問題有影響的利弊分析、選擇等。

二、研究宗旨：含研究緣起、目的、主題、基本假設、文獻探討、概念界定、理論架構。

三、研究過程：主要是從提出研究主題，中間經過目的、架構、假設、研究設計、資料處理，到完成研究結果，提出研究報告為止的全部過程。

四、研究進度：含事前準備及進行，如田野調查、民意測驗。若時程拉長（如一年以上），通常再區分各階段，每一階段所欲完成的進度管制，階段目標之完成與檢討等，以確保主體目標之能按時完成。

五、研究人員組成與分工：除一人研究（如碩、博士論文、短篇及短期研究報告）外，凡多人組成的研究，均需有適當的組織和分工，策訂工作守則，配合研究進度等。

六、資源管制和運用：最重要是經費分配或預算爭取，其次有研究設備、人力調配與應用。

此外，所謂「研究設計」(Research Design)是和研究計畫完全不同的東西，它是指假設的提出、蒐集資料的說明、使用技術（研究方法的第三層次）的描述、設計邏輯與研究策略等五項。「研究計畫」和「研究過程」有許多是「看得見」，但「研究設計」大多是「看不見」的，比較抽象。例如我們說「室內設計」，指的是「觀念」或「概念」的表達，絕不是指「那張桌子」。讀者若要深入了解「研究設計」，仍有專書可用，此處只能略說數語。

假設的提出是社會科學研究的程序，通常研究者先提出假設，在研究過程中論證之。蒐集資料的技術包含資料的種類、性質、真偽、分析、處理，也是一門不易專精的學問。研究技術與方法的描述、邏輯(Logic)如何推演、策略(Strategy)如何定謀與進行。凡此，都是研究過程中不可或忘之要務。

從「研究計畫」、「研究設計」到「研究過程」可圖解如下，概略看出一個研究不論大小，都是這樣的流程。

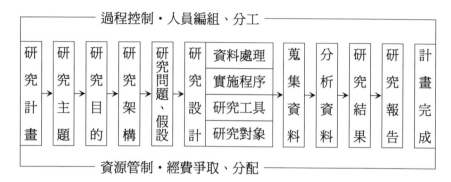

本圖參考以下資料繪製：
①周文欽，研究方法概論（台北：國立空中大學，八十九年八月），第一章。
②段家鋒、孫正豐、張世賢主編，論文寫作研究（台北：三民書局，七十二年十月），研究設計。
③呂亞力，政治學方法論（台北：三民書局，七十四年九月），第十章。

肆、之三：價值中立問題的處理

　　如果「研究計畫」和「研究過程」是看得見的，「研究設計」至少也是半透明的。那麼「價值」就是看不見的，它潛藏在研究者的心中（思想、觀念），此即所謂「價值觀」。身為一個學術研究者要把個人心中的價值觀暫時抽離，使自己超越身外和物外，就事論事以做到價值中立的問題是很難的一項重大工程。筆者擇時另闢專文闡揚，此處也只能簡述。

　　首先要了解「價值」(Value)和「事實」(Facts)的區別。事實是指一種事物的狀態，包括人、事、時、地、物的存在與關係。價值包涵一切被人們認為有價之物(Valued Things)和人們對各種事物所作的價值判斷(Value Judgement)，其中有許多爭議和混雜。

二者差異在：㈠事實有觀察標準，價值則無；㈡人有天生的感覺器官來感受事實的存在，但沒有任何器官可以感覺價值的存在；㈢學習事實判斷較易較快，學習價值判斷較難較慢；㈣我們事實判斷的改變多半來自本來內心世界的領悟；㈤事實判斷爭議少，價值判斷爭議很多。

　　知道了事實與價值的區別後，研究者在整個研究全程中必須時刻提醒自己做好「價值中立」(Value-Neutrality)：其一、研究過程中，研究者暫停自己的價值判斷，避免研究成果受到成見或偏見影響。其二、研究報告使用任何語句要把價值陳述和事實陳述分開。如何把價值陳述和事實陳述明確區分，以下舉例說明之。

　　事實陳述語句：

◉辦公室有三位女性職員，張小姐人很勤勞，陳小姐常請事假，李小姐勤勞又上進，現在正讀博士班。

◉院子裡的花有三種顏色，紅色、菊色、白色，紅花開的最多。

◉目前台灣有三個較大政黨，民進黨、國民黨和親民黨，國民黨是執政黨，也是國會最大黨。

　　價值陳述語句：

◉辦公室裡有三位女性職員，張小姐人最可愛，陳小姐最漂亮，李小姐漂亮又體貼，我喜歡李小姐。

◉院子裡的花有三種顏色，紅色、菊色、白色，紅色最漂亮動人，我喜歡紅花。

◉目前台灣有三個較大政黨，民進黨、國民黨和親民黨，民進黨的台獨路線很危險，我不喜歡。

　　以上區分應很明確，事實是談實然(What is)問題，價值是談應然(What ought to be)問題。雖然此二者在哲學和科學兩個層面

上仍有許多爭議，但保持價值中心的心態是減少爭議的要件，「學術人」應銘記在心。

伍、之四：研究成果的表達與公開發表

學術研究的成果除極少數特殊原因外，都要用一定的方式（規格、體例）表達出來，並向各界公開發表，研究成果若不發表出來就無須遵守一定的形式規格。所以，形式規格的表達與公開發表有連繫作用。所謂「極少數特殊原因」不能公開發表，例如事關國家機密、情報、法律等特別因素。哥白尼（Nicholaus Copernicus, 一四七三－一五四三）經三十年研究過程，完成「天體運行論」(De Revolutionibus Orbium Coelestium)，因和教會觀點不同也不敢公開發表，一六一六年被列為禁書，直到一八三五年教會宣佈解禁。

既然絕大多數的學術研究成果必須表達出來，並公開發表，就必須注意遵守兩部份的規範，才能使辛苦的研究克竟全功，劃下完美的句點。

第一是有效的表達技巧。包含行文通順簡練，就事實平舖直述，切忌情緒化語句，少用形容詞和副詞，價值中立的堅持等。為此，從初稿到完稿應不斷審查以下六件事（陳澤普，研究方法與論文寫作，六十七年五月）：

㈠原來的問題陳述是否與內文相融合？

㈡導論與結論是否能相互照應？

㈢前後思想是否一貫？

㈣章節及各部份是否有邏輯性？

㈤主題是否已充份發揮？

㈥全文（論文、報告、簡報）是否圓通無礙？

　　其他如有無前後矛盾？假設是否獲論證？行文是否太過武斷？也都很重要。第二是遵守一定的形式規格。各類型研究都有不同形式規格要遵守，以學術研究論文為例，其結構大體上區分篇首、正文、參證三部份。篇首有封面、空白頁、標題頁、提要、序、目錄頁、頁碼等，短篇論文可再簡化。

　　正文部份含緒論、本論與結論，這是假設→求證→結果的運作過程，一般學者稱為分析架構(Analytical Framework)。本論最重要的是篇、章、節的安排，及表圖系統、註釋、頁碼、結論、跋等。

　　參證部份，重要者有附錄、參考書目、索引等。以上不過舉其大要，實際上各種研究成果的表達，都應在一定的形式規格內儘可能化繁為簡，以利傳播、溝通和了解。

陸、結　語

　　學海無涯，知識浩蕩。為了要取得知識，我們永不止息的進行各種學行研究，研究要有方法，這些方法顯得千頭萬緒。為此，筆者按個人所學心得加以簡化，把研究方法提要鉤玄，化為「四大綱領」：研究方法的層次與瞭解運用、研究計畫、價值中立問題的處理、成果的表達與公開發表。此四者乃對研究方法的提綱挈領，學者扼此四大綱領，依本身研究領域之需要，假以時日，則「若挈裘領屈四指而頓之，順者不可勝數也。」（引「荀子」語，原文「五指五頓」）

緒論：政治學能否成為科學？

001：政治學能否成為科學？向來有「能」與「不能」論爭，申論之。

壹、第一派：「政治學不能成為科學」

1. 政治學是描述形像的（Ideographic：即表意的）學科：德國哲學家溫特彭(Wilhelm Windelband)和烈克(Heinrich Rickert)把一切學科分兩類：

   ⑴涵蓋定律(nomothetic)式的學科：如物理。

   ⑵描述形像(Ideographic)式的學科：如人文、歷史。

   即政治學是寫意的(Ideographic)學科，例如美術。

   　另有：史密斯(David G. Smith)：

   　　如物理學：「藉探查而發現」(discovery by investigation)；

   　　如政治學：「藉省察而發現」(discovery by reflection)

2. 政治學是規範性的(normative)學科：◎建立標準、基準的；「只要是規範性的，便不可能是科學。」──因其研究「價值」。

3. 政治學是藝術，不是數學。

4. 政治現象無法以自身科學的研究法去探究：

   ⑴政治現象不能實驗。

　　(2)政治現象不能量化。

　　(3)亦不能達成解釋目標。

　　(4)資料不易獲得：

　　　①事實的限制。

　　　②方法上的限制。

5. 政治行為研究不能達到預測目標。

　　(1)研究過程和技術影響行為，這是「自我促成的預測」(Self-fulfilling prophecy)。

　　(2)研究結果的發佈改變行為，這是「自我挫敗的預測」（Self-denying prophecy）。

　　第一派，不能成科學的小結：政治學：是表意的，規範的，藝術的，不能用自身科學的方法，不能解釋、預測。

――― 參考資料 ―――

Alan C. Isaak：

　㈠所謂科學或科學方法的特徵：

　　①某種形式的決定論(determinism)或普遍因果律(low of causation)。

　　②經驗基礎：有

　　　觀察的基礎(observational foundation)。

　　　交互主觀(intersubjectivity)。

　　　免除價值(value-free)。

　　③系統的本質：概念→陳述→通則→理論→統一理論：解釋、預測。

　㈡政治學不合前三項特徵：

①人類非決定論(Human indeterminacy)：意志自由，變數
最大。

②政治現象複雜性(comptexity)：欠經驗意含、系統意含。

③不能免除價值判斷。

貳、第二派：「政治學能成爲科學」：

首先檢討第一派問題的形成：

①伊斯頓(David Eastion)：重問題解決，不重理論建立。

②基氏(V. O. Key Jr.)：重實用，少建立普遍性通則→論理。

到目前仍重於個別制度，法律的研究，極少有概念→通
則→定律→理論之研究。

對第一派的反駁：

1. 把學科只做 nomothetic 和 ideographic 是不當。

任何經驗科學研究必有三階段：

㈠現象的簡單描述

(simple deeription of the phenomenon)

㈡不同現象的相關分析(即 correlational analgis)

(relational analysis of various aspect of the P)

㈢現象的因果解釋

(causal interpretation of the phencmonon)

各學科程度不同

再者：如物理學並不全是處理「普遍性」問題的。

如政治學亦非全是個別、獨別的。

一切事物，有共同層面，亦有自成一格的系統。

2. 「所謂 "規範性" 的－價值」－也有商榷。

㈠太過強調價值－事實的對立。

㈡政治學的價值是有兩個層面的：

科學層次：控制過程和變項，便不影響成果。

哲學層次：仍可表達一己之價值判斷。

另：目前的研究，價值也可以化約成量化、統計。

3.「政治學是藝術而非科學」有二個謬誤：

(1)「政治」〈內容〉和「政治學」〈方法〉的混淆。

(2)科學家靈感實現，發現定律：$\begin{cases} 靈感－發現的系絡 \\ \qquad (Contex\ of\ discovery) \\ 定律－驗證的系絡 \\ \qquad (Contex\ of\ justification) \end{cases}$

就科學研究言，驗證才是重要的。

4.「政治研究不能用自然科學方法」：不明確。

(1)把「實驗」界定放寬，政治學也有實驗。

(2)把政治學拿來「準實驗」(quasi-experiment)本書後提到。

(3)「量化」漸有被接受。

(4)資料太複雜、變項太多是事實：但電腦的發明，已使許多問題解決。

(5)資料獲得困難：程度而已。

5.「研究過程或技術影響行為」：自然科學亦有，不過把誤差減少而已。

建立可預測的定律，有困難，但不絕望。

第一章　概念與政治研究

　　現代各學科研究都重視方法，在社會科學領域內，一般所謂的方法問題分三個層次：

1. 科學哲學(philosophy of science)層次，包含哲學上的知識論，是人文、社會、自然科學的共同問題，即一般人說的「Methodology」（方法論）。

2. 研究途徑：如決策途徑、團體途徑、及唯物、歷史、心理、體系、溝通等。

3. 技術或方法(techniques or methods)：實驗、調查、統計、模擬。

　　從 Methodology 對應邏輯實證論行為學派以邏輯實證論為基礎，以感官經驗為唯一知識來源。認經驗相符為真，否則為假。

經驗 〈 直接感官的驗證，如「我看見那些星星」。（經驗證明）
　　　驗證資料的邏輯推理，如「二加二等於四」。（邏輯推論）

　　若「我喜歡星星」、「這星星好」都是價值陳述，不能驗證，亦不能邏輯推論，只是情感偏好，是沒有意義的。

　　所謂「方法論」(Methodology)有兩重意義：

①探討研究程序，目的在釐訂適當的研究程序，以控制研究成果的純正度。

②「描述、解釋、辯正」的研究方法，尤其是辯正。

002：申論概念之界定與引入。

壹、何謂概念

首先要了解我們所使用的「陳述語」statements 中的每一個詞彙或字，其實只有三類：

①邏輯詞彙（logical words，又叫「結構詞彙」structure words），如「與」字。

②指涉個別事物的「個別詞」(partioular)。

③指涉共同事物的「普通詞」(universals)。

科學發展的早期常使用日常語的概念：缺失：

①不精確。

②不一貫。

③形成的通則，解釋和預測能力低。

科學進步了發展出好的概念：如

①科技的概念(technical concepts)。

②建構的概念(constructed concepts)或稱「構成概念」。

參考觀念

Isaak：

(一)概念，即特性語字(character words)，是科學要素。

(二)概念界定有兩個看法：

由人界定。（科學上如此）

由人發現。（不合科學使用）

貳、概念的界定和引入

㈠界定：

　　即先給它一個精確的意義，才能引入運用。即賦予界說。

　　人類對事物的界說，有二個詮釋：

①真實界說(Real definition)，指：A statement of the "essential characteristics" of some entity。

　　太過於追求概念的本質，常使科學研究無用。

②名義界說(nominal definition)或叫「制定界說」。作一個制定 (Stipulation)，使：

　　被界定項 the definiendum ══界定項 the definiesns。

　　如：正義＝ X+Y+Z。

　　這是科學研究有用的概念。

參考觀念

概念　　　　　　　　　　　陳銀英（78.10.17 聯合 8 版）

　　信誼基金會最近完成一項調查發現，父親教育水準愈高，子女在概念、語文上的表現較佳，但對動作能力的影響則較小。

　　概念，心理學上係指具有共同屬性同類事務的總名稱，當一個名稱或符號代表具有共同屬性的一類事物時，稱此一名稱、符號為概念。

　　語言是用以代表概念，或語言是概念的名稱，除很少數的專有名詞如人名、地名外，學習語言即學習概念。

> 概念的類別，從其屬性的具體與抽象程度可分為具體概念與抽象概念，主要指形成概念的屬性是否可以具指認的事物特徵而言。

(二)概念的的引入有六種方式：

①直接指涉的概念：筆，爭論甚少。

②報導界說(reportive definition)：欠佳，少用。

③制定界說(stipulative definition)或叫「名義界說」，或「名相界說」。

④運作界說(operational definition)對無法觀察的事物，透過「運作」

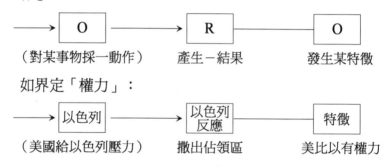

　　　　（對某事物採一動作）　　　產生－結果　　　　發生某特徵

如界定「權力」：

　　　　（美國給以色列壓力）　　　撤出佔領區　　　　美比以有權力

註：1960 年代中期經驗主義者曾堅持運用。

⑤性向概念(dispostional concepts)：比經驗主義者界定「運作界說」更麻煩，因其指涉仍可觀察，但不明顯。也無法作一「行動」測知。例如「易燃性」。

又如：「保守主義」，用問卷法，亦無法觀測到實體(entity)即其內心。

⑥理論概念(thearical concept)：如「中子」。但政治學中尚無真正者。

┌─ **參考觀念** ─────────────────────────┐

Isaak：

　　直觀界說(intuitive definition)：兒童時代觀察事物用。

└──────────────────────────────────────┘

003：類型概念的區分與功能，及概念的評估為何？

壹、漢普爾(Hempel)把類型概念(typological concepts)分四種：

(一)分類的(classificatory)概念

　　有兩分分類(dichótomous clássification)：民主、非民主。

　　有多重分類(multiple-)：黃人、白人、黑人。

　　分類概念界定是否適當，注意：

　　①製作程序正確

　　②經驗上的健全(Empirically Sound)

　　③合乎兩個原理：

　　　　窮盡原理(Exhaustiveness)，無一遺漏

　　　　互斥原理(Exclusiveness)，只歸入一類

(二)比較概念(Comparative concepts)，又叫「序列概念」(Ordering concepts)：更精緻、有用：把人分「內向型、外向型」或甲比乙更內向。

　　序列概念中有一次類：稱「極端型」(extreme type)或「純粹型」(puretype)可做指涉的基點。

(三)計量的(Quantitative)概念：有兩次類，如

　　①序數的(Interval)：$\overline{}$°F
　　　　　　　　　　　　 30　40　50　60　70　80

　　②比例的(ratic)

(四)理想型(Ideal-type)概念：

目前政治研究仍以此兩類為基礎

是韋伯所創的分析建構概念(analytical constract)

依其抽象程序不同有三種：

①新教倫理(protestant Ethic)或「近代資本主義」　特殊時期
　與地點出現的某些現象。

②「官僚組織」(bureaucracy)。

③「經濟人」。

貳、概念的評估：評估一個概念是否合乎「科學概念」，兩原則：

詳閱下頁「參考資料」

㈠經驗意含(Empirical import)

概念要獲得經驗意含的方式有三：

①可觀察。如椅子。

②不可直觀，但能「運作」觀察。

③透過理論系統的證明，如「中子」。

㈡系統意含(Systematic import)

具有理論的重要性，即可用之於理論中，若不能用之理論，光是形成概念，對我們獲取系統的知識幫助不大。概念多重要，看它在理論系統中的地位。

參、政治學使用概念的若干問題：

易君博	呂亞力	
同名詞代表不同概念	概念轉譯問題	
不同名詞代表相同概念	概念移植問題	
缺乏系統意含	配合教學需要（自然語言）	⎫
缺乏經驗意含	配合研究需要（建構的）	⎭ 不能調和

參考資料

關鍵觀念：科學概念與政治研究

壹：科學概念的基本特點

一個概念能否稱爲「科學概念」，兩個標準：

(一)第一個：empirical import：

　一個概念是一個心智的或邏輯的建構，指涉對某一類事用
　或某些事物的共有特性。

　科學概念要確定其有經驗意含，一般有三類：

①描述的概念(descriptive concepts)

　根據經驗世界的觀察加以抽象
　而建立，指涉某些事物的共有
　特性：

　　可直接觀察的－「椅子」。

　　可間接觀察的－「權力」。

② 類型的概念(typological con-
　cepts)

⎧ 1.經驗程度高
⎜ 2.單一性範圍
⎜ Homogeneous universe
⎜ 　　　↑
⎨ 　　不同
⎜ 　　　↓
⎜ 1.經驗程度底
⎜ 2.邏聚性意義
⎩ Configurative significance

選擇某些可以經驗的成份加以強調，並通過研究者想像
而建立。在經驗世界中沒有相對應者，也不可能觀察而
得。只強調某「一部份」的經驗成份。但可從分類、比
較上去考察其經驗意含。如「理性人」

③理論的概念(theoretical concegts)

依理論系絡(theorticol contex)才能了解，不能直接或間接
觀察。如「中子」。

(二)第二個：Systematical import

①概念和系統的關係：

1：概念與概念間恆形成
概念系統。

2：概念的改變，即引起
系統的改變。

3：概念是系統形成及系
統發展的基礎。

理論

↑

陳述、通則

↑

(高層次概念) 財產

家畜　農具、房屋

馬、羊、牛、犬 (低層次概念)

外在系統意含

內在

②「外在系統意含」與
「內在系統意含」一個

高層次指謂的特性：低層有。

平行指謂的特性：排斥性。

概念，與所屬學科的陳述、通則、及理論之間的關係，
稱「外在系統意含」。

一個高層次概念所蘊含的各紙低層次概念，稱概念的
「內在系統意含」。

貳：科學概念的界說

(目的：使概念合乎經驗與系統意含)

(一)先了解何謂「界說」

「界說」也是一個概念。對界說下個界說，是「界說的界

説」(the definition of a definition)。界説：決定一個字的精確涵義。

(definiendum)　　　　　(definiens)

被界定項 ══════════ 界定項

　（人）　　　是　　（理性的動物）

㈡界説的種類近二十種，唯三類常用：

①真實界説(real definition)，Aristotle 所提。

　概念所代表之事物的本質。如「正義」，即找出客觀世界所在之正義之本質。即名詞 ——找→ 本質。

缺點：1.陷形上學泥沼，因概念或名詞並不代表存在的。

　　　2.易於導至「抽象概念具體化」的毛病。

②名相界説(nominal definition)。Aristotle 創。

　經驗世界的觀察、抽象—設訂—名詞。

　其「名詞」與「概念」分立，又透過觀察，易達科學。

　有兩次類：

　1. 字典式界説(lexical definition)

　　根據語言中，使用名詞的習慣，定其意義。

　2. 約定性界説(stipulative-)

　　前人的不好，自創界説。

缺點：各人所見不同，無法標準化。

③ operational definition：

　真實、名相均有缺，現代科學乃有運作之提出。

指：通過事物的關係來説明概念指涉的經驗意義，或靠實驗的方式來考察經驗意義。

　　只要可觀察，程序固定，便有客觀標準。

已廣泛採用。

(三)下界說注意四個規則

　　①適合預期目的→企圖說明被界定項。

　　②勿循環性→「和平」：非戰狀態。避免。

　　③能用肯定陳述時，不用否定。會造成前兩種錯。

　　④不用隱晦、比喻、象徵語句。

參、政治學中使用概念狀況

(一)「國家」一詞的五種界說

　　G. W. F. Hegel：用 evaluative definition：是上帝在大地的存在。

　　K. Mark：用規約性的(prescriptive definition)：階段壓迫的工具。

　　古典民主主義者：保障天賦人權的工具。

　　H. J. Laski：描述性的(descriptive definition)：組成公共權力的一種方式。

　　M. Weber：合法的獨佔。

(二)目前使用概念的缺失（問題）

　　①同名詞異概念：

　　　　Function：功能、函數、職業。

　　②異名詞同概念：如 province、state、canton、republic、common wealth 等。

　　　　有時指第一級地方政府(main local goverunent)

　　③欠經驗意含。

　　④欠系統意含。

(三)形成上項缺失原因：

　　①語言的原因。

　　②價值的原因。

　　③方法上：概念→統一理論的問題。

肆：現代政治概念的發展趨勢

　㈠舊概念的澄清。

　㈡新概念的列入。

　㈢建構語言的發展。

004：申論政治研究之狀況及現代政治研究之新方向。

壹、政治研究之狀況

㈠古今政治研究，若依「理論」建造方式分，可分三類（三種基本類型）。

①神學的政治研究(the theological of politics)。

②玄學的政治研究(the metaphysical study of politics)。

③經驗的政治研究(the empirical study of politics)。

㈡theology 和 metaphysics 的共同特徵

1. 概念缺乏經驗指涉：如：

奧古斯丁的「上帝」；G. W. F. Hegel 的「絕對」；

J. J. Rousseau 的「公意志」；

里柏(R. Niebuhr)的「自我超越」(self-transcendence)

又：常用先驗原理(a priori principle)解釋一切政治現象，如唯心史觀、唯物史觀。

2. 事實判斷和價值判斷的混淆。

事實：指真假對錯，可客觀印證。

價值：指善惡美醜，是主觀願望。

Hegel：「凡是存在的即是合理的，凡是合理的即是存在的。」

正確的：兩者不能互為推論。

3. 抽象概念具體代或擬人化(personification)

㈢empirical 則到 20 世紀才普遍起來。其原因：

1. 受自然科學影響。2.19 世紀後成為獨立科學。

其特點：經驗調查、概念澄清、建立通則。

貳、現代政治研究的新方向

㈠ David Easton 對現代政治學的批評：

研究過程中，政治理論與政治事實常互不相關。事實蒐集沒有理論做依據；理論建造沒有事實印證。誤以為事實即知識的誇大事實主義(hyperfactualism)；而正確的：理論和事實是相互依存的。

㈡ Easton 對現代政治學的雙重革命(dual revolution)

一重：「概念製作的革命」(the revolution in the formulation of concepts)

二重：「理論整合革命」(the revolution in the integration of theories)

㈢現代政治學的突破：

①開拉鮑(A. L. Kolleberg)透過經驗調查來界定「價值」概念，消除價值與事實的鴻溝，把價值玄學移至科學領域。

②各種「準理論」形成→統一理論。

㈣現代政治研究的新方向（即如何理論化→統一理論）：

①概念製作方面：有兩個途徑：

1. 經驗印證(empirical confirmation)

2. 再概念化(reconceptualization)：把紛歧的概念再界定(redefinition)。仍須經驗印證。

②陳述建立方面：也有兩個途徑：

1. 研究者主觀願望不混入事實陳述中。已易接受。

2.「價值」語句運作化（實證），兩個方法：

A: The operational definition approach。

B: The means-end approach：把「目的價值」，化成「手段價值」，以便證實。

③理論整合方面：

1. 先把理論化約，使陳述、概念明確。

2. 比較理論與真實經驗世界異同。

3. 抽離共同點→統一理論。

第二章　定律、理論

005：申論定律之類型、功用和評估。

壹、假設與定律：

(一)相同點：結構上相同，都是概念的連結。

(二)相異：
$\begin{cases} 假設：未經經驗驗證：概念間的猜測。 \\ 定律：已驗證。是真確的假設。 \end{cases}$

假設有學者稱「命題」(Propositions)，定律有學者稱「通則」(generalization)。

貳、定律的類型：大體有三類

(一)普遍性定律（general law 或 universal law）

異名同義
$\begin{cases} Isaak 稱「普通性通則」(universal law) \\ 有學者直稱「定律」。 \end{cases}$

不許例外，用處最大。

(二)蓋然性定律(probability law)

異名同義
$\begin{cases} Isaak 稱「統計通則」(statistical generalization) \\ Abraham kaplan 稱「統計定律」(statistical law) \\ Quentin Gibson 稱「機率律」(statement of chance) \end{cases}$

㈢準定律(quasi law)。Isaak 把它歸入「統計通則」中。

Quentin Gibson 稱「傾向律」(tendency statement)

參、定律的功用

㈠描述現象：

　發展一個定律，即在描述現象。

㈡解釋和預測（後述）。

㈢有系統地組織經驗。

㈣賦予事實某種意義。

肆、定律的評估

㈠定律中所包含的概念是否健全？

　①概念之間的關係是經驗的，而不是分析的(analytical)，若是分析的，則其形成的定律只具形式，實質上是「返複同語系統」，又稱為「套套邏輯」(system of tautology)。

　②欲免分析，每一概念要獨立界定，不得相互依賴界定。

㈡定律的經驗基礎。

　①概念有經濟意含。

　②定律自身可被證實或反證。

㈢定律的形式：均可藉普遍化的條件句來表示。

　(generalized conditional 或 universalized conditional)。

　如：若 X 是 Y，則 X 是 Z。

　或：若 X 是 Y，則 X 是 x%Z。

㈣定律的涵蓋性(scope)

　　如米契爾斯(Robert Michels)的「寡頭鐵律」(law of oligarchy)。

　　如「低身份」(lower-tatus)，不滿現實、求變。

　　如「高身份」(upper-status)，得益守成。

　　關鍵觀念

壹　通則的性質

㈠以概括的「條件句」(generalized conditional)基本形式；若
　……則……。

㈡有了條件句，必須再是「經驗通則」：

　　可證(testable)，能證實或推翻。若在邏輯上不能推翻，不
　　可稱為「經驗通則」。

　　被推翻的通則仍是經驗的，因：①概念有經驗，②通則能
　　陳述。

㈢範圍：不受限制：

　　不指涉特定人、物。是指陳一「類」東西的屬性，不是指
　　陳單一的。（範圍有廣狹，但不受限制）。

貳　普遍通則與統計通則

㈠普遍通則：最有權威。

　　「所有 A 都是 B」、「若 X 為 A，則 X 為 B」

㈡統計通則

　　①機會陳述(statement of chance)：如 75%的 A 是 B。

　　②傾向陳述(tendency statement)：其他條件同，所有 A 是
　　　B。

參 假設的檢證

一個假設提出後，如何檢證或推翻有四種方法：

(一)抽樣調查法(如：Gallup and Harris polls)：

有隨機抽樣(random sample)、分層抽樣(stratification sample)、分群抽樣(clustering sample)、區域抽樣(area sample)等。

(二)反應檢證法(reactive hypothesis testing)：指訪誤技術。

(三)檢視文件（歷史文件）。 ⎫

均非反應的

(四)直接觀察法(first-hand observation) ⎭

肆 通則與因果律

(一)通則：是屬於「並存律」(laws of coexistence)

A 與 B 同時發生，不涉及順序。

(二)因果律：是屬於「承續律」(laws of succession)

B 隨 A 而發生，涉及時間順序。

006：理論之界說、功能、分類及建構途徑。

壹、理論的界説與功能：

㈠界說：

　①其一：Eugene J. Meehan：「演繹地相聯的一組通則。」

　②其二：一組通則結合成的系統，通則彼此相聯，並表示變項間的關係。

㈡功能：有兩派看法

　①第一派：「真實觀」(realist conception of theory)。「理論」是真正知識的真實反映,把零星的知識整合(integration)或編集(codification)，並解釋之。

　②第二派：工具觀(instrument)：發現知識用。還有啟發功能：提出假設，產生假設。

　③另一種：parsons：控制研究者觀察與解釋。免淪偏見。更重要：解釋經驗通則：

　科學哲學家魯德納(Richard S. Rudner)：「凡是一套陳述或某些類似定律的通則，其相互間具有系統上的關聯性及經驗上的事實印證，便是一個理論。」

　這個界說中，其界定項(definiens)指明兩要件：

　①邏輯上的系統推演。

　②經驗上的事實印證。

┌─ 參考觀念 ─────────────────────────┐

Isaak：理論性質：

　①一套陳述的結合。

　②通則構成的續繹網。

　③一套相關的經驗通則。

　　易加博：

　　按性質分，理論亦分兩類

　①實質理論。

　②建構理論。

└──────────────────────────────────┘

貳、理論的分類：有兩種區分方式

㈠第一種：依建構原則：有兩類：

　①演繹理論(deductive theory)又叫「層級理論」(hierarchical theory)，方法論者及科學哲學家眼中，此為真正理論，因其必具普遍性定律。

　　在演繹系統中，理論起點是「假定項」（或 axiom）。

　　演繹理論的檢竅(validation)，karl popper 提四方：

　　1.概念有無內在一貫性

　　2.理論的邏輯形式決定命題是經驗？或套套邏輯。

　　3.與其他理論比對，是否邏輯上可並存。

　　4.可驗證性。

　②聯結理論(concatenated theory)：

　　依蓋然性定律而建構，並非全稱。其建構圖：

如：$\begin{cases} \text{準定律 } T_1（軍備競爭可能引發戰爭）\\ \text{準定律 } T_2（經濟恐慌可引起戰爭）\\ \text{準定律 } T_3（侵略野心可能引起戰爭）\end{cases}$ ⟶結果

因素理論是聯結理論之一種。聯絡理論的檢竅

①包含的準定律有無經驗證據。

②若干準定律聯結是否適當。

㈡第二種分類：依適用範圍：

　①狹範圍理論(narrow range theory)，指某一結構的某項功能。

　②中範圍理論(middle range theory)，如默頓(Robert K. Merton)
　　的經驗功能論。

　③普遍性理論(general theory)如派森斯的「功能要件分析」
　　（functional requistes analysis）

　　Merten 和 Parsons 各有爭論和觀點。

參考觀念

Isaak：

㈠先做兩個區別：

　①$\begin{cases} 政治哲學：規範，應然。\\ 政治理論：經驗，實然。\end{cases}$

　②理論和實際，嘗試是指實際，錯誤是指理論

㈡理論在政治學中的地位：

　只得「近似理論」（或叫準理論，或小型理論）。

參、理論建構的途徑

㈠演繹的途徑：又有兩種。

①先有「假定項」→命題方式→理論。

此自然科學的典型。

政治學：如唐斯(Anthony Downs)：先假定人是「理性」的→民主理論。

②經驗發現→解釋。

㈡類推(analogy 類似、相似 homology)的途徑：

兩種以上現象間的關係之相似性。

如杜區(karl deutsch)以自動機械系統的溝通，「類比」政治系統中的溝通。

㈢部份與整體相聯：如結構功能分析。

㈣部份與部份相聯，再與整體相聯：

社會學家對社會觀察有兩個立場。

①均衡(equilibrium)：如 parsons、S. M. Lipset 或 Robert A. Dahl 或 G. Almond 等人。

②衝突(conflict)：如柯基(Lewis Coser)、Ralf Dahrendorf、Gerhard Lenski、Marx 等人。

此途徑指第㈡者，用辯證法分析：正→反→合。

肆、理論、模式、概念架構　三者不同

㈠理論（同前）。

㈡模式(models)，或叫型模、模型。

　玩具火車是火車的模式。

　模式與其實物間有「形似性」(isomorphism)，要件：

　①一對一關係。

　②若干關係之保存。

　例：傳染病學的傳播理論（實物）→戰爭中傳播謠言模式（模式）。

參考觀念

Isaak：

　　如果一個理論的要素（通則或概念），與另一個理論要素成一對一之對應，並保持所要求的關係，則這個理論可稱另一個理論的模型。

　功用：①教學與啟發(heuristic)→啟發較佳理論的產生。

　　　　②不一定有解釋能力。

┌─── **參考觀念** ───────────────────────┐

Isaak：

㈠按 May Brodbeck，除同形外，下述亦可稱模型：

　①尚未檢證，甚至不能檢證的理論，也可稱「模型」。

　②指稱抽象的理論，如「經濟人」。

　③運用「理念」元目(“ideal”entities)的理論，如完全直線
　　等。

　④數字能與理論中的概念結合時。

㈡「模型」不是經驗理論，理念化的概念並非「理論概
　念」。

└──────────────────────────────┘

007：申論概念架構、理論評估及其建構現況。

壹、概念架構(conceptual framework(scheme))

是所研究問題性質與範圍的雛形。

是一個未經驗證的普遍性「理論」。

功用：①研究指引。

　　　②解釋力較低。

參考觀念

Issak

　　把某種東西理念化，或簡化，即為概略的同形，與對應物已有類似，可以概念架構名之。

　　理論建構的重要性，可從三方面說：

㈠研究目的：依靠理論做：描述、解釋、預測。

㈡研究設計：提出假設→蒐集資料（但對理論要先了解，才提出好的假設）

㈢研究累積：透過理論建構程序，完成理論系統，歷代知識才能累積。

貳、理論的評估

㈠解釋力

㈡預測力

㈢重要性

　①經驗真實範圍可涉及許多理論。

　②指導研究、啟發新知。

㈣優美(elegant)

　①簡單性(simplicity)，把複雜的變項簡化。

　②簡鍊(parsimony)，符號精簡。

參、政治學理論建構現況，「百家爭鳴」：

㈠就建構方式而言：

　①先假設若干前提→演繹出系統：受經濟學影響最大。其定律欠經驗證據。

　②受社會學影響大，經驗程度較高，如投票行為理論、團體理論、組織理論。缺點：變項多，不嚴謹。

㈡就分析單位而言：

　①整體理論(Macrotheory)

　　如：政治發展理論、民主理論、集權與獨裁論、集體政治暴力與革命理論、集體選擇論。

　②個體理論(Microtheory)

　　政治人格論、政治社會化理論、集團理論、政黨理論、組織、精英、決策、政治人員甄選論(pofitical recruitment)

　　政治文化在二者之間。

　　以下近普遍理論：Easton的「系統論」、Almond的「結構功能」、Karl Deutsch「溝通論」

008：申論解釋的意義和層次。

壹、解釋的涵義

解釋原則不因學科不同而異，有普遍運用原則。

㈠科學哲學家對「解釋」的性質有三種看法。

　①演繹－涵蓋定律方式(deductive-nomological from)。

　②「心裡」的，「把不熟悉的化約為熟悉的」，「使人了解」。(to reduce the unfamiliar to familiar)

　缺點：

　　1. 因人而異，讓誰「熟悉」。

　　2. 「解釋」是證據和結論間的邏輯聯鎖。與是否為人熟悉無關。

　③把一事實安放在系統或型式(pattern)中，就算。

關鍵觀念

Isaak：

㈠怎樣才算達到解釋的目的：要合乎「律理模型」或「包涵性定律模型」(nomological model or covering-law model)：即要有普遍性定律包含被解釋項。

㈡律理解釋分兩種：（邏輯觀點，都是全稱陳述）

　①演繹解釋：引用全稱定律，解釋項為真，被解釋項必真。

　②統計解釋（又稱或然解釋 statistical-probabilistical explanation）

㈢對解釋的其他看法：

　①科學解釋是以「客觀」、「邏輯關係」為基礎。

　②每個解釋都不是最後的，都會倒過來被解釋。

貳、解釋的層次（Isaak 稱解釋的完整性）

㈠最理想的「充份解釋」：結構上有二要件：Isaak稱完整的解釋
(comptete explanation)

　①若干普遍性或蓋然性定律（或通則）。

　②若干個別文句，以明「先存條件」(Initial Condition)。

㈡其次「部份解釋」(partial explanation)指：Isaak：和「省略解
釋」(elliptical explanation)同

　①通則、定律不完整，引不出充份結論。

　②先存條件不足以引出結論。

　③通則、定律不夠明確。

㈢再次「解釋芻形」(explanation sketch)指：

　①欠邏輯上的嚴謹，用語不確。經驗上有缺陷。

　②用處：提示可能的變項關係，努力找到更好的解釋。

㈣假解釋(pseudo-explanation)，不能實證，如狐仙治病。

重要觀念

解釋的層次：

　①最理想：充分解釋：理論、定律完整。如，因地心引力，
　　蘋果往下掉。

　②部份解釋：理論、定律不完整。兩黨政治使社會安定發

展。

③解釋畸形：概念、經驗、邏輯有欠缺。婚姻是人們理想的
歸宿。

④假解釋：狐仙治好他的病。

009：論解釋的類型及與預測的關係。

壹、解釋的類型。從兩方面分：

㈠第一方面：依邏輯結構：

　①「演繹－涵蓋律」型(deductive-nomological pattern)：最理想的解釋型，它有四種基本因素：

　　1.普遍性定律或通則。

　　2.敘明定律的個別文句。

　　3.被解釋項(explicandum)。

　　4.邏輯規則。

　②蓋然型(probabilistic pottern)

　　從蓋然律所建構的解釋，其被解釋項與蓋然律並非演繹的。

㈡第二方面：依性質，是社會科學常用的。分五種。

　①因果的解釋(causal explanation)最理想的解釋，但形式上是「蓋然性」的。

　②功能的(functional explanation)又叫「系統支持型」的解釋(the system maintaining pottern)：解釋項能顯出系統所需的功能，都能發揮，解釋即成。行動者並非有意朝向某一目的。

　③目的的(teleological explanation)，或稱「動機信仰」解釋(motive-belief explanation)有目的的，行動者有意朝向。其次型：

　　1. 性向解釋(dispositional explanation)：使用性向概念，無意識。

　　2. 意向解釋(intentional explanation)：有意識動機。

　　3. 理性解釋(rational explanation)：居性向－意向之間。

④溯源解釋型式(genetic pattern of explanation)，把事件前後說
　清楚。似「歷史解釋」，但有不同。（見下面 Isaak 的說明）
⑤總體的解釋型(marco pattern of explanation)

┌─── 參考觀念 ─────────────────────────────────┐

Isaak 稱此方面爲「解釋的模式」，並分六種：

㈠習性模式(the dispositional pattern)是無意識的動機，特定情
　境下的反應傾向：如態度、意見、信仰、價值、人格等。
　可用通則，有律理基礎，有解釋力。如習性＝ A+B+C

㈡意向模式(intentional pattern)：有意識、有目的的行動。格
　式：X 所以做 Y，因要達到 G 目標。

㈢理性模式(rational pattern)：有目的行爲的特例。格式：因
　Y 是理性，所以發生 X。

㈣總體解釋(marco pattern)從制度、物理環境、社會環境做巨
　型解釋。

㈤系統維持模式。有 xx 功能（必要條件）→社會系統才能維
　持。

㈥起源模式（後述）

　注意：通常數個模式組合起來解釋。

└──┘

貳、解釋與預測：

㈠邏輯結構上相同，都需要使用定律和原始條件。
㈡政治學中只有不充份的解釋，預測極難。
㈢解釋比預測健全，因爲已經發生。

參、政治研究與解釋：

㈠邏輯嚴度之不足：

尤其國際關係及共黨論者，使用曖昧的通則，如「極權主義之邏輯或動力」(the lagic of totalitarianism 或 the dynamics of-)

㈡概念不明確

①界定困難。

②概念的多面性(multi dimensional)。

第三章　政治研究與價值，
能否與應否中立？

010：政治研究「應」否中立？試從邏輯實證論者，行為政治學者、人文政治等論之。

壹、邏輯實證論者對價值的觀點

㈠談論者把「價值」分兩類

　①美學的(aesthetics=esthete=esthetic)

　②倫理的(ethics)

　　A：規範的倫理(mormative ethics)：價值判斷：善惡。

　　B：形上的倫理(metaethicss)：價值的性質。

㈡邏輯實證論(Logical positivism)的信條。

　①任何陳述必須可證驗性(verifiability)才有意義。可驗證性包

　　含：A：經驗的可驗性。

　　　　B：邏輯的可驗證性

　②早期邏輯實證論的重鎮：

　　A：「維也納集團」(Vienna circle)

　　B：「牛津英國派」(English school)

貳、事實與價值：

下列五點可看出兩者區分：

㈠觀察事實有標準，價值則欠。

㈡我們與生具有工具（指器官）來認識事實；但欠任何「工具」來認識價值。

㈢事實和價值兩者的判斷，都是基於經驗；事實易學，價值則難。

㈣事實判斷的改變，多半與外界環境有關。價值判斷則不一定。

㈤價值判斷爭論多且久，事實則少。

歸納成三點：

㈠事實陳述（命題），可檢證；價值則否。

㈡事實陳述是指達到目的的「方法」；價價指目的。

㈢事實是實然(what is)：A
　價值是應然(ouglt to be)：B ｝ B 不能推出 A。

參、邏輯實證論對政治學的影響：

㈠重易驗證(verifiable)，輕領悟力，造成政治哲學與規範性政治事物的忽略。

㈡重科學方法，客觀研究。

㈢事實與價值區分。

肆、行為政治學者主張：政治研究應「價值中立」

㈠所謂「事實」，是指：一種事物的狀態(a state of affairs)：

①具有某種特性的「物象」或「人物」(object)，如巴力門。

②一件發生的單獨事件(event)，如美國革命。

③一件經常跟隨另一類發生的事件，如戰爭。

㈡所謂「價值」：又可分：

①工具性價值(instrumental value)陳述具有事實與價值成份，非純價值。

②內在的價值(intrinsic value)即「終極價值」，是沒有事實成份(factual compoment)是「純價值」的。

㈢行為政治學者主張價值中立的涵義，有兩層：

①研究→結論，內在價值和事實陳述要分開。

　1. 事實陳述是研究結果，不摻個人價值。

　2. 價值陳述是研究者以公民、人道主義者……之立場的建議、批評，並非研究結果。

②研究過程要「暫停」其價值判斷(suspension of his value judgment)

㈣「價值中立」基於學術和實際考慮，不全是邏輯實證者的影響：

①真正知識是在沒偏見下求得，欲使政治學對人類福祉有用，須使其由真正科學知識組成的學科。

②社會多元，若不「價值中立」，勢必各自為其利益建立自己的「政治學」，學術成為附屬，失其地位。

③若在單元社會，不「價值中立」，可能：

　　1. 為現狀提供合理化基礎。

　　2. 成為反對勢力之一部。

伍、人文政治學者主張：政治研究不應價值中立

㈠從政治學的目的看：是要提供決策者治國的意見和建議，以改進制度的知識，故是一門事實－價值相配合的學科，堅持分開，失其存在理由。

㈡從政治學性質看：是關於「人」的政治行動，依理性選擇，必涉價值，若硬排除價值，只得表象。

㈢民主開放提供政治學存在的空間，必須維護「民主開放的價值」。

㈣杜威・考夫曼：事實、價值本不可能劃分，所謂「價值」，是隨情勢而定的。

陸、結語

㈠「價值中立」：指過程、態度、技術，並非要研究者揚棄自己的價值。

㈡「醫生研究癌症，為救人」

　事實：冷靜安排過程

　價值：救人　　　　此處可分開。

㈢維護民主價值。

011：政治研究「能」否價值中立？

壹、不能：有兩類觀點：

㈠基於獨特的哲學（或知識論）的立場：

　杜威(John Dewey)：不能也不應中立。「終極價值」或至善都是無稽的，因無科學方法測定。

　兩種判斷都是：情勢決定原則，不是原則決定情勢。

　這派影響不太。

㈡從常識觀點，理由：（對政治學影響大）

　①政治研究的對象是「人」－有感情的。

　②人自出生，就活在各種不同文化領域(culture area)，國家、民族、榮辱禍福相關，已「社會化」並已「內化」其價值。

　③觀止於片面，決定要研究那一個「面相」，就是主觀的，已是價值判斷。

　即政治事實已具有價值成份(value compoment)

貳、政治研究價值中立的可能性

㈠把整個研究過程概念三段：

　①選擇題目：主觀決定。

　②蒐集、處理資料、結論：一般要求本段「價值中立」。

　③發佈研究結果：要求事實陳述和價值陳述分開。

㈡「價值中立」是研究者態度問題：

　①有偏見、階級、固執、理性差，不可能有中立。

②一切科學「真理」都不是「最後的」，主張要有保留，並稍
能超脫世俗→中立。

㈢也是方法上的問題：要能接受邏輯與實證的考驗。

㈣也是學術風氣的問題：較能獨立，與工商界保持距離。

結語：

㈠政治研究若捨棄價值，是殘缺不全的。

㈡事實陳述與價值陳述分開是必須的。

㈢「第二段」研究中立。

──── 重要參考資料 ────

價值(Values)

　　廣義的「價值」，包涵一切被人們認為有價之物(valued things)和人們對各種事物所作的「價值判斷」(value judgement)。前者是客觀存在外在世界和人與人關係之中；後者則為人們主觀情感意志的產物。

　　拉斯維爾(Harold D. Lasswell)和開普蘭(Abraham kaplan)兩氏曾在其合著的權力與社會一書中(Harold D. Lasswell and Abraham Kaplan, Power and Society, A Framework for Political Inquiry. New Haven and London: Yale University Press, 1950, pp. 16-17, pp. 55-58)，試圖將「價值」一詞予以明確的定義。其要點為：

　　㈠一項價值便是一項希求的事物(desired event)當甲價值乙時（此處「價值」一詞是動詞，與英文 value 用為動物時同義），其意義為甲力求獲得乙的實現。

　　㈡價值主要可以分為兩類；一類可稱之為「福利價值」

(welfare values)；另一類可稱之為「敬服價值」(deference values)。

（三）「福利價值」包括：幸福(well-being)，財富(wealth)，技能(skill)，和啓發(enlightenment)，亦可譯為教化。幸福指有機體的健康與安全；財富指收入──貨物與勞務；技能指在藝術，工藝，商業，或職業上的熟練；啓發則指知識，悟力，和見聞。

（四）「敬服價值」包括：①權力(power)，②敬重(respect)，③正直(rectitude)，和④愛情(affection)。權力指影響與控制別人的力量；敬重指地位，榮譽，公認（recognition 公眾共同的認識），及聲譽(presige)；正直指道德價值，諸如德性，善良(goodness)，及公義(righteousness)等；愛情則包括愛(love)與友情。

（五）價值不是絕對的，而是相對的；各項價值是互相關聯的，而且常常是互相衝突的。

上述拉斯維爾和卡普蘭二氏所下的定義雖然非常細密，但並未普遍為所有政治家所接受。他們在討論時常常提到價值一詞而不予確切的定義。在政治學範疇中，把「價值」一詞用來指人們心中對各種事物的價值判斷，似乎要比用它來指有價值之物，更為普遍。

在伊斯頓的體系理論中，「價值」被用來指有價值的事物，為權威性分配的主體；在密契友(william C. Mitchell)的美國政體(william C. Mitchell, American Polilty, New York: The Free Press, 1962, pp. 173-174)一書中，「價值」一詞則被用來指信仰(beliefs)、規範、與對事物的價值判斷。因此吾人在研讀行為政治學家的著作時，必須留意其對「價值」一詞的用法與含義。

（資料來源：魏鏞，《雲五社會科學大辭典》，第三冊，頁367）

第四章　政治研究的準備，研究題目與設計

012：政治研究的種類、準備與常識。

壹、政治研究的種類

	實用的	純粹的
非實證的：	政治哲學①	"形式"理論③
實證的：	實務研究②	理論取向研究④

①政治哲學：應然的、規範與價值的。

　　如柏拉圖、韓非、洛克的著作。都為處理實際問題而作，但非實證。故有很好的實用性，而非實證。

②實務研究：為解決實際問題，如研考會「行政效率改進研究」，不講抽象理論。故實用實證。

③形式理論：二次大戰後來自經濟學。似政治哲學家，先定出「定律」做前提，推演出理論系統，純粹演繹的。如唐斯(Anthony Downs)先假定選民行為是理性的，再建立「理論」。故純粹非實證。

④理論取向：

當前主流→建立政治學理論。

故實證、純粹。

貳、政治實證研究的基本常識

實證研究先決定分析單位：

㈠整個系統：是總體分析研究(macroanalytical studies)。

㈡個體：是個體分析研究(microanalytical studies)。

實證研究又可區分：

㈠個案研究(case study)

對某一制度、決策、人物做研究。好做、貢獻小。

㈡比較研究(comparative study)

①同區域不同時間，稱「縱形研究」(longitudinal study)或叫「時間序列研究」。

如「比較 1950 年代與 1970 年代台北市民的投票行為」。

②同時期不同區域，稱「交錯文化或交錯地區研究」(cross-culture 或 cross-sectional study)

小結：首先決定對象與多大的範圍。

參、研究前準備：

㈠學術上的準備：

①研究設計的擬訂。

②必具的才能。

1.典籍文獻之才能(Bibliographical competence)。

2.語言之才能(linguistic competence)。

3.研究方法與技術(methodological and research technique com-petence)。

㈡生活上的準備。

肆、研究的基本態度

㈠知識誠實(intellectual integrity)。

㈡敬業精神(professionalism)。

013：研究題目的選擇與問題的釐清。

最主要，最困難，是題目(topic)的選擇。

一般從目的、實效與預估、個人能力三者考量之：

壹、研究目的

(一)知識的增進：有二途

　　①實證(positive)、證實(verify)、修正(modify)原有知識。

　　②探討新問題。

(二)社會、經濟、政治價值獲取。

　　成本－效益分析(cast-benefit analysis)。

　　政策－效果研究(policy impact study)。

(三)利字。

(四)好奇。

貳、實際成效的預估：

(一)實務研究預估較易：兩方著手：

　　①要解決的問題是否夠重要？明確性如何？

　　②資料是否充份。

(二)理論取向的預估：

　　能否產生廣泛影響。

　　個人才能、專長、興趣、成本等均要考量。

參、政治研究問題的釐清也很重要,概念要清楚,觀念要正確,可從五方面省視之。

一、研究目標的確立:其好處:

(一)知道自己要做什麼。

(二)確立問題的性質:為了

①獲得現象純粹描述的知識

②或現象間相關性分析?

③或現象及前後因果解釋?

二、研究範圍的決定

(一)資料領域(data domain)。

(二)分析層次。

三、正確而完整的描述

(一)描述重點在完整無缺,即不遺漏。

(二)雖是「描述」而已,仍要有「假設」。

四、概念間關係的澄清:(指題目中的概念):

不能直接指涉的概念,要從活動資料(performance data)來觀察,其步驟:

(一)選擇適當的指示項(indicators)來代表概念。

(二)觀察指示項,看其是否能代表概念。

(三)把指示項合成指標(indices)、量表(scales)或類型(types)。

五、省察「命題」:

(一)因(cause)、果(effect)、清單(inventory)的省察。

(二)自變項(independent variable)和依變項的省察。

014：論研究設計。

壹、研究設計的功用和缺失

㈠功用：規範和自我限制，經濟有效使用人力、物力、時間。澄清觀念。

避免「回溯論調」(ex post facto argument)。

㈡缺失：

①一開始便「定」了假設，便不再重新思考「理論」，欠創新動力。

②可能造成太多約束和限制。

③太花時間。

小結：第一流的學者可以不要；研究生仍要。

貳、研究設計的主要內容：要件有四：

㈠擬採用何種設計。（參節說明）

㈡擬使用的技術和描述。

㈢擬蒐集資料的說明。

㈣擬試驗的假設：

社會科學的研究程序，先要塑造一個「理論」，並以假設(hypóthese)方式表示。

假設在文字結構上以命題(proposition)或定律形式表示。注意：

①數項假設必聯結成「理論」。

②假設是基於前人研究。

參、設計的邏輯與種類

㈠擬採用何種設計，即「設計的邏輯」(logic of design)，社會科學變數太多，又複雜，研究設計，使研究者能「操作」(manipulátion)若干變項，以決定：

　①依變項中的變異是否可歸之於自變項，及自變項造成此變異的程度為何？

　②這變異是否可歸之於其他的外在變項，及外在變項造成此變異的程度為何？

㈡研究設計的種類：各家不一，舉其四：

　①「沒有受控群的觀察」(observation with no control group)：

　　實例：假設有人研究某機關，規定每一員工每日記錄其工作量，歷時一週。然後，相關重組，分層負責增強，再記錄一週工作量，發現顯著增加。

　　研究結論：「分層負責的決策使員工工作量增加」

　　用研究設計形式表示之：

　　1. 測量依變項———（記錄員工工作量）

　　2. 觀察自變項的發生—（機關決策實行分層負責）

　　3. 重新測量依變項——（重新記錄工作量）

　　4. 若依變項有變（變異）。
　　　歸因自變項的出現　　　結論。

　②天然試驗(natural experiment)

　　實例：為組織某大學學生參加助選，我們做一調查：測量對政治的興趣。助選完畢後再測量，發現曾助選者比未

　　　　曾參加者，興趣更高。

結論：「助選活動提高大學生的政治興趣。」

用研究設計形式示之：

1. 測量依變項————（測量某大學生政治興趣）

2. 自變項的影響出現—（助選活動）

3. 重測依變項————（重測學生興趣）

4. 兩相比較有變異，是
　　自變項對依變項的效果 ｝（參與未參者比較）

③「無事先測量的天然試驗」(natural experiment without preme-asurement)，即無事前的測量。

④「真實試驗」(true experiment)

　　研究者能控制「受試群」和「受控群」。

015：你要進行政治研究，提出你的資料蒐集（技術）說明。

壹、資料的種類：

㈠集合資料(aggregate data)。

如人口調查資料(census data)或官方統計資料(official statistics)。

㈡個人資料(individual data)，又叫「調查資料」(suvey data)。

因其為訪談或問卷而來，又稱「自我報導資料」(self-reporting data)。

貳、關於資料的一些問題：

㈠獲取徑路問題(problem of access)：機密、安全、政治等考量，及適法性等要注意。

㈡科學與倫理考慮的問題(problem of scientific V. ethical considerations)，如涉及親情、人權等考量。

㈢政府介入：趨勢、有利、經費、立法。

參、蒐集資料的技術：文件分析：

從文件分析導致「內容分析」(content analysis)的技術發展。

內容分析的準備在建立一組類目，做那一方面均可：

㈠「指示分析」(designations analysis)：計算某體裁出現頻率。

㈡「言辭分析」(assertions analysis)：指某事物界定與描繪情形。

㈢「歸屬分析」(attribution analysis)：第㈡項出現的頻率。

肆、蒐集資料的技術：參與觀察

㈠缺失：

  ①研究者身份暴露，資料易於中斷。

  ②進入而不參與的「純粹觀察」(non-particiant observation)很難辦到，仍要參與。

  ③勢必成為「參與者」，蒐集資料卻成了次要。

  ④參與者的「角色」造成的不利。

  ⑤參與過度造成「土化」(go native)。

㈡優點：

  ①除參與外，別無他法。

  ②前述缺失仍可盡力克服、減低。

伍、蒐集資料的技術：實驗(experimentation)

觀察一組依變項，再回溯研究自變項，以發現

自變項 ——對→ 依變項的影響。或

依變項 ←—受— 自變項的影響程度。

「摸擬」(simulation)：把政治社會情勢簡化重製，維持若干時日，變項由人或符號來代表。

「模演」(gaming)：完全由人來作。

陸、蒐集資料的技術：調查訪談(survey interviewing)。

㈠直接向被詢問者(respondents)提問題。

㈡電話或郵寄。

㈢問卷法(questionnaire)。

　小結：蒐集資料的技術有：

　①內容分析（指示、言辭、歸屬三種分析）。

　②參與觀察。

　③實驗。

　④調查訪談。

第五章　問卷、抽樣、測量、統計

016：論問卷與訪談。

　　提示：社會科學家資料：

㈠自己直接觀察。

㈡官兵文件，與外行人(layman)的東西。

㈢自己間接觀察蒐集：

　①結構形式不定的訪談(unstructured interview) ⎫

　　1.自由聯想法(free-association method) 　｜政治上極少用

　　2.集點訪談(focused interview) 　　　　　｜

　　3.集團訪談(group interview) 　　　　　⎭

　②結構形式固定訪談(structured interview)

　③問卷法(questionnaire method)

　壹、結構形式固定訪談法及問卷法之利弊

㈠利：

　①資料蒐集階段標準化、系統化，增強可信度。

　②效率提高：含人力、時間、經費。

　③簡化資料處理：登錄、核計、列表、詮釋。

④適合大規模政治、社會的行為科學研究。

(二)弊：

①假設與理論的檢證管用，發現新知識則差。

②研究者以主觀認知強加受試者。

③研究者可能無法領悟社會與人類動機的複雜性。

貳、問卷或訪談單設計的基本考慮：（結構固定成敗關鍵）

(一)尊重受訪者立場和隱私。

(二)客觀－邏輯與理論建構的依據。

(三)技術考慮。

　①方式(format)：信件、電話、問卷等。

　②反應結構(response structwe)：開放或封閉的回答方式。

　③問卷或訪談單上的次序(sequence)。

　④檢定(checks)

參、訪談單或問卷設計的一般原則與規範

(一)悉熟所擬研究的題材。

(二)「設身處地」的了解(empathetic understanding)。

　①對象的社會地位、角色、政治立場。

　②了解他的「符號環境」(symbolic environment)。指一個人在他生存的社會或文化中，熟識的某些符號與概念（及其指涉

物），這些符號與概念構成其「符號環境」。

㈢工作規範(norms)

①勿假定受試人知識水準很高。

②題目簡潔易懂。

③避免感情、情緒用詞，如「保守份子」。

④敏感問題等與建立互信與親善(rapport)有關，在提出前，須做好價值中立的處理。

重要參考資料

價值袪除(Value-Free)

　　在政治學行為研究法中，價值袪除是一個必要條件。所謂價值袪除，意指研究者在探討分析一個問題時，必須摒除先入為主的、主觀的價值判斷(subjective value judgement)，如此方不致為個人的好惡所曖昧，因而減低或喪失觀察的客觀性和發見的可靠性。

　　在一篇討論政治學「行為主義」的意義的文章中，伊斯頓(David Easton)指出倫理評價與經驗解釋(empirical explanation)包含各兩個不同的命題。為了清楚起見，最好在分析上將它們分開討論（見 David Eason, "The Current Meaning of Behavioralism," in James C. Charlesworth (ed.), Contemporary Political Analysis, New York: The Free Press, 1967）

　　但將價值問題與實驗問題分開並非易事。不僅反對行為研究法的學者指出道德問題與價值判斷牽涉所有重要政治問題，不易將其擱置或抽繹出來不談；就是行為政治學家本身近來也逐漸認識價值問題在政治行為研究中的重要性。美國政治學者

道爾曾在其所著現代分析一書中，對行為研究法中的價值問題加以討論（見 Robert A. Dahl. Modern Political Analysis (Englewood Cliffs, N. J.: Prentice-Hall, Inc., 1963. pp. 93-107)）他認為：

(一)價值、利益、與好奇心，均會影響學者對於研究題目的選擇；換言之，便是使人覺得什麼樣的題目重要，有興趣，值得研究；什麼樣的題目不重要，無興趣，不值得研究。

(二)吾人無法完全由經驗知識(empirical knowledge)建立重要與否及相干與否的標準。

(三)認為真理是有價值的，是從事客觀政治分析的先決條件。換言之，即吾人必須相信將真理與虛假分別是一件有價值的事。

(四)所有經驗科學在邏輯上均建立在一些假定(assumptions)之上，而這些假定是無法用科學證明的。譬如吾人假定宇宙是有常軌的有常律的便是一例。

(五)在實際工作上，研究者的偏見常會使他無法正確地看到他觀察的結果和證據。

(六)客觀的，中立的科學研究，須建立在一些社會的，政治的前提之上。換言之，要想科學家能客觀地，中立地去進行對客觀世界的分析，就必須有能容忍研究自由的統治者。但是統治者往往也有他們自己一套對社會以及自然現象的理論，譬如史達林和希特勒就各對生物學有一套理論。希特勒認為人種有基本優劣之分，史達林認為環境影響遺傳因子，結果使持相反意見的科學家受迫害，而使持相同意見的科學家受到推重。因而嚴重地影響到科學發展的途徑和客觀性。

　　以上道爾對價值問題的看法提出後，一些行為政治家也曾試圖提出解決的辦法。其一是嚴格要求研究者在研究設計和調查的過程中，極力避免受價值主觀的影響，直到獲得客觀的研究發見後，方可作價值的判斷（不過許多行為科學家根本認為政治學者之鵠的在於求得政治知識，至於知識的本身是無所謂好與壞的）。其二運用由行為研究法得來的知識，去支持或促進某種價值的增進或實現。拉斯維爾(H. D. Lasswell)所倡導的「政策科學」(policy science)便是一例（見 Harold D. Lasswell and Caniel Lrner (eds.), The Policy. Science. New York: Columbia University Press, 1961）。其三是把價值當作影響人類政治行為的一項變數(variable)，而將它作科學地客觀地分析和研究，各種關於「政治意的(Political ideology)和「權威性人格」(anthoritiorian personalilty)的科學分析，便是採用這個原則（例如 Robert E. Lane, Political Ideology. New York: The Frss Press, 1962; T. W. Adorno et. al., The Authoritarian Personallity. New York: Harper, 1950）

　　綜上所述，吾人可知價值問題的本身，及如何，或應該做到價值祛除，仍將為未來政治學研究中一大課題。

　　（資料來源：魏鏞，《雲五社會科學大辭典》，第三冊，頁 368-369）

017：論抽樣之理論與實際。

壹、何謂「抽樣」與「樣本」：

㈠「全體」(universe)或「母體」(population)：
具有某種研究者用來建立通則之一切單位(unit)。
所謂「母體」：可指一切單位，也可指此一特性。

㈡「單位」：具有該項特性的最小的個別因素。

㈢「樣本」(sample)：是「全體」的一部份，由此對全體建立通則。

㈣「抽樣」(sampling)：具有很好的「效度」(efficiency)，也有險率(risk)

貳、抽樣的種類

㈠非機率的抽樣型式(nonprobability sampling designs)：經費、人才、時間不足時行之。有三種次類：

①偶然的抽樣(haphazard sampling)「瞎貓碰上死老鼠」－用處低。

②事先設計的可獲性抽樣(predesigned availability sampling)又分三類：

1. 志願者樣本(volunteer samples)

2. 自然場合樣本（natural setting samples）
（1、2兩種有利得到新知識，不利通則化的建立。）

3. 配額樣本(quota samples)有利新知與通則化。其步驟：

甲：欲通則化的母體分類。

乙：決定母體中每一特徵者之比例。

丙：決定樣品中每一特徵之比例。

丁：每一訪員分配固定配額。

③判斷的抽樣(judgmental sampling)：又叫「立意抽樣」(purpo-sive sampling)。

消息提供者→提供者→提供者。故又稱「雪球抽樣」(snowball sampling)。

㈡機率抽樣型(probability sampling designs)：

①簡單的隨機抽樣(simple random sampling)母體中每一單位被抽的機率相等。

②間隔抽樣(interval sampling)或叫「系統抽樣」(systematic sampling)。

缺失：不能排除週期性(periodicity)的危害。

改進：選擇不同的隨機起點(random starting point)。

③分層隨機抽樣(stratified random sampling)：減少誤差與數目，很理想，分三小類：

1. 比例相稱的分層隨機抽樣(proportionate stratified random sampling)。

2. 比例不稱的分層隨機抽樣(disproportionate stratified sampling)

3. 至宜分配比例不稱的分層隨機抽樣(optimum allocation disproportionate random sampling)

④叢集抽樣(cluster sampling)，資訊、人員、環境、經費欠佳時用，但對鄰居地區(neighborhood)分析能力強。

⑤多階抽樣(multistage sampling)：技術性高，誤差大。

㈢混合抽樣型(mixed sampling designs)：名種方法合用。

參、抽樣的選用與判別

　　眾多抽樣，優劣選用如何？臚列原則如下：

㈠理論的考慮：抽樣目的，是要建立涵蓋母體的一般性通則。須注意四事：

①分析層次：

　　社會科學在探討單位「性質」，非單位「本身」。「整體」須藉「部份」或「個體」來呈現，分析層次乃成注意課題。我們用五種方法描述「單位」：

　　1. 絕對或全體屬性(absolute a global properties)：描述高單位，只涉本身，不涉低單位。

　　2. 分析的屬性(anglytical properties)：描述較小單位所使用的特徵描述，各單位都有。

　　3. 結構的屬性（與關係）：(relational and structural properties)，描述大單位中的小單位的人際互動。

　　4. 比較的屬性(comparative properties)，描述同類的其他單位。

　　5. 系絡的屬性(contextual properties)，藉較高單位的環境來描述較低單位。

②抽樣場合：光做 A 區，不能代表 B 區。

③試驗對抗性假設：抽樣要能呈現多樣變項。

④時間序列：社會政治研究，目的之一是「因果解釋」，故有

　時間序列的管制。

㈡機率(probability)：可預估樣本的代表性，欠科學要求。

㈢樣本大小(sample size)：抽測較多單位，才能對母體的「性質」
　－如平均值、比例、分配獲較多了解。

$\sqrt{樣本大小}$＝（變異度）（可信度）（1／精確度）
　　　　　　　variability　　confidence　　　　precision

018：論量度、測量與量表。

　　把理論、定律、概念透過可觀察與量度表現出來。涉及兩個問題：

①正確量度的問題(problem of accurate measurement)。

②嚴謹量度的問題(problem of precise measurement)。

　　（下分四節）

壹、政治研究與量表（基本常識）

　　政治上的概念大多是多層面的(multidimensional)，要加以量度：概念用指標(indicators、index)表示→量度。

　　欲把概念化成指標，學者有二種策略：

(一)第一種：「經驗的策略」(empirical strategy)：不重概念詮釋，而在選擇一些指標，依據指標蒐集資料，由資料來界定概念。

　　缺點：不能窮盡。

(二)第二種：「理性的策略」(rational strategy)：

　　①全面的理性策略(global-rational strategy)

　　②分立的理性策略(separated-rational strategy)

貳、正確量度的問題：自兩方面探討

(一)信度(reliability)：

　　重複測量，結果一樣，信度高；否則低。

信度底是研究障礙,消除方法:

①重試信度核對法(test-retest check for reliability):

同一試量,隔適當時間後再測。

②對分信度核對法(splithalf check for reliability):

一個量度,由一組項目組成,則把項目分成兩組來量度。

㈡效度(validity):指反映概念確實程度,造成量度無效的原因。

①樣本缺代表性:

如:誤將「投書」當「民意」。

錯把座談當民意。

錯將「中產階級」代表各階層。

②研究所提問題(概念)和受測者所持相去太遠。

如何使量度有效:①小心建構量度、②間接測試。

注意修正誤差、信度、效度均可提高:

①穩定或系統誤差:(stable or systematic errors)(效度)。

②不穩定或隨機誤差:(unstable or random errors)(信度)。

③個人誤差:(personal errors)。

④詮釋誤差:(interpretative errors)。

參、嚴謹的量度與測量的問題

嚴謹(precision)是為學要件之一。有兩種:

㈠量度的嚴謹(precision in measures):通稱「嚴謹」。把測量單位訂的細,要多細?則視科目不同。

㈡測量的嚴謹(precision in measurement):指測量過程的嚴謹。測量「變項」,一般有三種方式:

①名份的測量(nominal measurement)。把一個「名稱」歸入研究對象。測「宗教」→基督教、回教徒……

②順序的測量(ordimal measurement)：製作雛形量表用。

③間隔的測量(interval measurement)：最嚴謹：有共同單位來計算類別間的差距。

發展的

如 GNP

又如圖

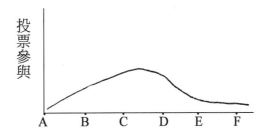

肆、量表的建構與選擇

常用量法：
scale

①名份：無甚用。
②順序的。
③間隔的。
④比率的(ratio)：絕對零起點，物理最有用。

社會科學用多。

㈠量表的建構：兩個步驟：

①概念的詮釋。

②概念運作化，並使指標適合概念的策略。

㈡量表的選擇。米勒(Delbert C. Miller)介紹多種：可測：

社會地位(social status)

集團結構與動力(group structure and dynamics)

士氣與工作滿足(morale and job satisfaction)

社區(community)

社會參與(social participation)

工作組織中的領導(leadership in he work organization)

態度、價值與規範(attitudes、values、norms)

家庭與婚姻(family and marriage)

人格測量(personality measurement)

019：論政治研究與統計。

　　政治研究必需探討自變項與依變項的關係，其關係不純是對分(dichotomy)的，須從兩方看：
　　①自變項影響依變項的程度。
　　②自變項決定依變項的程度。
　　政治研究使用統計學有兩類：
　　①描述統計(descriptive statistics)。
　　②推理統計(inferential statistics)

壹、間矩(interval)的資料之處理

　　處理間矩資料，常使用回歸分析和相關份析
㈠回歸分析(regression analysis)：
　　把兩個「間矩變項」的資料扼要表示，使讀者一目了然其關係，其法是「散佈圖」(scattergram)。
　　圖上每一小點是研究者觀察的對象，該點地位由兩變項得分決定（如圖一）

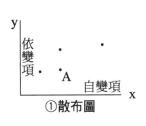

①散布圖

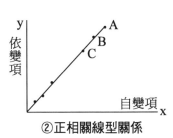

②正相關線型關係

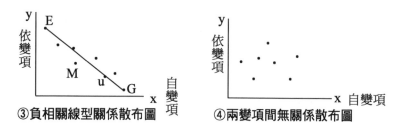

③負相關線型關係散布圖　④兩變項間無關係散布圖

「回歸係數」(regression coefficient)：

　　用來改進散布圖方式：核計當一個變項的值作某一單位的變動時，其對另一變項影響為何？

　　其變量常是「非等量的」，故回歸係數不可缺。

　　直線型回歸係數，可用等式：

依變項變量 ——→　　　　　　自變項變量

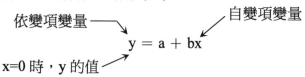

$$y = a + bx$$

x=0 時，y 的值 ——

即回歸等式的切割值(intercept)。　回歸等式的傾斜(slope of the
即回歸直線通過 y 軸時 y 的變量。　regression square)。

　　　　　　　　　　　　　　　x 增加時，y 增加的量。

　　　　　　　　　　　　　　　此一傾斜，即「回歸係數」。

㈡相關分析(carrelation analysis)

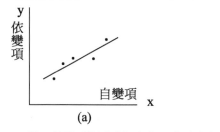

(a)

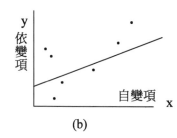

(b)

均可用回歸直線示之。但(b)中，x 影響 y 的程度較低，受「其

他因素」干擾較大。

貳、顯著性的檢定

用方法，發現一項研究結果，是否純屬偶然，並不真正反應母體的情況，此技術是「顯著性檢定」(test of statistical significance)。

最常用的「顯著性檢定」是卡平方(chi-square x2)

重要提示

壹：實證政治研究的兩面省視

(一)實證資料的蒐集、處理、分析為重點，對政治現象的「點」和「線」作研究，如早期的選舉研究、精英研究。

但未能建構一般性理論，伊斯頓(David Eacton)斥為生硬的實證主義者(raw empiricists)。

1960 代中葉後，學者已企圖利用「概念架構」做指導，使其變成「一般理論」。

(二) 1950 年代，伊斯頓就急呼要建立一般性理論。

本書作者主張把現有「理論」稱之「概念架構」(conceptual frameworks)或「指涉架構」(fromes of reference)，其使用概念、命題、思維都是實證的。

貳：政治分析概念架構的用途

(一)一個概念架構提供我們觀察整個政治現象世界的理論工具，助我們看到政治現象「全貌」。

全貌可能不全，但可做「整體層次探討」(macro level investigation)。

此即：協助探究問題，蒐集資料，處理原則。

(二)給予我們一個場合(setting)以做「微體分析」(micro analysis)，它是一座寶庫；有許多命題供研究證實。

參：主要概念架構：

① 行為科學途徑(disciplinary approaches)

② 結構－功能分析(structural-functional Analysis)

③ 系統理論(systems approach)

④ 集團途徑(croup approach)

⑤ 決策理論(decision theory)

⑥ 溝通理論(communication theory)

⑦ 精英途徑(elite approaches)

⑧ 組織分析(organization analysis)

第六章　行為科學、結構功能、系統理論

020：論政治研究借用其他學科的概念架構。

壹、政治研究借用的社會學概念架構

㈠「結構功能分析」最重要。（後述）

㈡「角色」(role)：是對一個人的行為的一組期望。

(a set of expectations about a person's behavior)

我們期望一個人的行為，是根據他的社會功能(social function)。

圍繞著社會功能的是互相聯結的行為型式，稱之「社會角色」。如丈夫、父親……。

「角色衝突」(role conflict)：個人感到兩個以上角色的需要不能調和。

整個社會中的各種角色是建制化的(institutionalized)

魏爾克(John Wahlke)等人，把議員角色區分：

①核心角色領域(core-Roles sector)

②專門角色領域(Specialized-Roles sector)

③服務角色領域(Clientele-Roles sector)

④偶發角色領域(Incidental-Roles sector)

故社會學者用「角色理論」。

㈢「社會化」(socialization)：從兩邊說：

　　①客觀：社會把其文化從一代傳到下一代，並使個人適應社會
　　　生活中公認合理方式的過程。
　　②主觀：個人為適應其週遭的環境，尤其對他特別有關的人
　　　(significant others)不斷學習的過程。
㈣「政治社會化」(political socialization)
　　①研究人如何對政治系統產生忠誠、憎惡或疏離；
　　②如何對某些政黨、意識形態、政治符號……的偏愛；
　　③如何變成熱心參與或冷漠的公民。

貳、政治研究借用的心理學概念架構

　　最有成果是「人格」，在政治研究上分三類：
㈠個別政治行動者的心理分析：有二：
　　①個案研究，如蘭恩(Robert Lane)的政治意識型態。
　　②心理傳記(psychobiography)：建立傳記對象的某些行動
　　　──是否→係某種歷史結局的必要條件。
㈡政治行動者類型的心理分析
　　個案不能建立一般性通則，從而建立人格類型。
　　著名者有阿杜諾(Theodon W. Adorno)的「權威人格」(The Auth-
　　oritarian personality)。
　　他發現有一類人在政治上尊崇權威，過份使用陳腔老套(stereo-
　　types)。
㈢人格特徵對政治體系的集合性影響
　　以個體資料(Micro-data)解釋總體現象(Mocrophenomen)。

參、政治研究借用的人類學概念架構：

最要者「文化」，1956 奧蒙(Gabriel Almond)，修改成「政治文化」。

㈠各家解釋「政治文化」：

Almond 與 parsons 認為有三個面向：

①認知取向：對政治體系、角色、輸入與輸出項的知識。

②情感取向：對政治體系、角色、人員、工作表現的情感。

③評估取向：對政治事物的判斷與意見。是知識、情感、價值標準等的混合。

㈡政治文化的運作定義：

「人民對政治事物的認知、情感、評估三種取向的型式分配」。所謂政治事物，指：

①個別的角色或結構：如立法院……。

②角色的佔據者：如立法委員。

③政策、行政……的執行。

㈢ Almond 等人建立三種政治文化的理想型:

①原始政治文化(parochial political culture)：角色不明確，對體系沒有期望和需要，如部落的。

②屬民政治文化(subject political culture)：體系及輸出有高度行動取向，輸入及角色欠缺。

③參與政治文化(participant political culture)：現代國家的。

021：論功能的意義和功能分析的背景。

壹、功能一詞的意義

㈠常識上意義：

（人），A ——效用→ 達成 B。此種效用是功能。

㈡社會科學功能論者：

X 對 S 有整合作用，或依存關係。

㈢數學上：(G. W. Von Leibritz)先用

$$3+X=Y \qquad 3 \text{ 是 Constant，X.Y}$$

是 Variables。X 變 Y 亦變，Y 變 X 亦變。

稱之「函數關係」(functional relation)

㈣經濟學：

常和 Occupatio（職業混用）。

㈤政治學：

要指「作用」和「效用」，不是「人」或「官職」。

㈥生物學：

任何 P 必然在維持 T 的持續與發展

社會人類學：

社會中的行為模式或思想模式，對社會結構貢獻出維持其繼
續存在的作用，稱之「社會功能」。

李維(M. J. Levy)、T. parsons 及墨頓(R. Merton)的結構功能論，
來自社會人類學。名異意同。

貳、功能分析的背景

1922 年是關鍵年代。

㈠ 1922 以前（是背景年代）：

①亞里斯多德的目的論(teleology)：一切事物的存在，都在實現一個高於其本身的目的。常被視為最早功能觀念。其實不同：

功能論：解釋有限社會現像。部份和全體間的功能關係，靠實證。

目的論：解釋無限宇宙。有一先驗的，非經驗法則，支配發展。

②法國聖西蒙(H. de Saintsimon, 1760-1825)：古典的社會主義者。知識份子和工商階級才有功能，地主、僧侶和官吏無功能(non-function)。有功能是善，無功能是惡。

③社會學創始者孔德(A. Comte, 1798-1858)：社會是聯帶關係的有機體(Solidary crgan)，部份與全體永遠是有機的關係。和諧、合作。

④斯賓塞(H. Spencer, 1820-1903)：有機類比論(crganic analogy)：各種制度，正如器官，在有機體中，各有功能。

⑤派拉托(V. Pareto, 1848-1923)：社會是一個均衡的系統 ——目的——→ 系統均衡。

⑥美國，顧理(C. H. Cooley, 1864-1929)：有機論。和基賓塞不同：全體和個體同重要。相互，甚至合一。

⑦涂爾幹(E. Durkheim, 1858-1917)：早期功能論最著者。

社會是 $\begin{bmatrix} 集體表象(collective\ representation) \\ 集體良心(collective\ solidarity\quad) \end{bmatrix}$ 所建立的一種

「社會聯帶關係」(social solidary)，個人或制度均依為其而成

聯帶關係。如宗教對社會有功能，才可能存在。

⑧狄驥(L. Duguit, 1859-1928)和克拉勃(H. Krabble, 1857-1936)。

政治制度或法律結構，必須對社會發生聯帶關係，發生功

能，才能存在。

㈡ 1922 後（是現代功能分析在社會中的起點），有以下重要各

家：

①馬林羅斯基(B. Malinowski)

②拉底克里夫‧布郎(A. R. Rodcliffe-Brown)：社會結構是功能

分析關鍵。

③林德夫婦(R. S. & H. M. Lynd)

④瓦勒(W. I. Warner)

⑤亞爾蒙(G. A. Almond)和柯勒曼(J. S. Coleman)

⑥另外如：persons、Merton、Hempel、Levy 等。

所表述的結構功能分析，要旨：社會結構對社會系統發生的

功能關係。社會結構是可觀察的行為模式。

社會學家戴瑪錫夫(N. S. Timasheff)，1955：功能論可能成為

當代最大學派。

022：論功能分析的基本觀念及一般特點。

壹、功能分析的基本觀念

㈠引證三位人類學家的觀點：

① B. Malinowsk：

文化的功能觀(the functional view of culture)：風俗、觀念、信仰、物質欲求，在一文化模式中必然為整體履行某種功能，代表不可缺的地位。即以功能為準，為人類社會生活的事實作解釋。

② A. R. Radcliffe-Brown：

社會結構如有機結構的持續一樣，社會結構的持續由社會過程來維繫，社會過程是個體和團體互動構成。

③克勞孔(G. Kluckhchn)：

任何因素，在文化系統中，有需求，能適應，即有功能。

㈡引證二位社會學家：

① parsons：

社會過程或社會條件，對社群有維持作用：eufunction；有損壞作用：dysfunction。

② R. K. Merton:

適應或配合作用，為成員認同是顯性功能。反之，隱性功能。

㈢綜合成下列七概念：

①系統與次級系統：（系統觀念是功能觀念的基礎）

系統 —相對關係→ 次級系統

②社會結構：

社會的整個生活 ═══ 社會結構的功能。

有功能，社會即存在；反之亦然。(Radcliffe- Brown)

③生物性需要(biological needs)

一切組織、制度、行為，都在滿足人類需要。(Malimowiski)

④適應與配合：

局部（次系統）必須適應與配合整個系統。

其過程即：社會功能。

⑤正功能與負功能：

局部（如組織、制度）對整體有適應、整合、維持作用，

（即 negative value），是功能；反之負功能。

⑥主觀願望(subjective disposition)：

成員對社會活動的動機和目的。或分析者的主觀評價。

客觀後果(objective consequence)：

一套社會態度、社會信仰、成為模式。即是客觀的存在。

⑦顯功能與穩功能。

成員所意識者，是 manifest function：易分析。

意識不清者 latent function：難分析。

貳、功能分析的一般特點

㈠功能論在理論上的性質如何？

①一般所謂科學理論有兩類：依 M. Bradbeck 解：

1. 實質理論(substantive theory)：

經過實證的假設，有解釋力和預測力。如 G. Michels 的 the iron law of oligarchy。或達爾文的進化論。即一般所謂「理

論」。

2.建構理論(consfructifve-)：

是一種 model。是建造理論的模型，是一種標準，或稱之「研究法」。如 systems approach。

②功能論難於區別的地方：

像實質理論處	像建構理論處
①陳述時像經驗通則，因為是對社會事實觀察而來。	①分析社會現象的設計。 ②向生物學借的概念，用於社會學，只有建構理論才能互借。

小結：Levy：可視實質理論。但視建構理論更佳。

(二)功能陳述是否可證？

①爭論處：功能論 ___先天的___ ↘社會均衡。不可證。

② ___和諧、持續___ ↘均衡，是價值判斷，不可證。

小結：任何科學都有非科學（不可證）處為基礎。

如：這世界為何存在？

功能論：全體和部份為何有關是不可證。功能可以觀察證明。

(三)功能關係是不是因果關係？

①系統 S ___功能關係正比___ 局部 G：是因果關係。

（果）　　　　　　　　　（因）

②S（需要）——————— X（存在）：是功能，亦是因果。

（因）　　　　　　　　　　（果）

小結：功能論是因果關係的次類，解釋稍弱。

(四)功能陳述是不是目的陳述

Purposive statement：有治動主體，到目的過程預先設計。

Functional statement：沒有主體，不預先設計過程。

小結：不可混淆。

㈤功能分析是不是動態的？

①正確的功能分析：探討社會結構、社會生活、社會局部等的互動關係。再尋找社會變遷規律，如良功能、亞功能之形成。

②功能分析不納入外來因素，但可旁及。（若納入則與一般分析無區別）。

③社群系統及次級系統均可用功能分析。

　小結：動態的，可向上向外整合，再成系統。

㈥功能論是不是意識型態。

①「意識型態」：價值判斷與事實判斷的混合物。亦是規範陳述與描述陳述的摻雜。

②功能論不是意識型態論證：

　1. 所謂正功能、負功能，是有客觀標準的。可依社會事實觀察客觀後果。

　2. 功能論沒有主觀支持某種制度，或反對。肯定內部的穩定、整合、適應是社會持續的「條件」。

　　只是條件，並不是好壞。

③功能論的陳述，都可經驗證實，沒有混雜價值判斷的跡象。

　小結：功能論不是意識型態，是分析社會現象的一種建構性理論模式。

　結論：①功能論澄清了傳統上某些觀念。

　　　　②選擇問題、觀察現象、提出假設，即建構理論有幫助。

　　　　③有用的評價標準。

023：論結構——功能分析及其批評。

當代政治學最主要的兩種研究途徑

$\begin{bmatrix} 結構功能分析 \\ 系統理論 \end{bmatrix}$ 1950-1960 年代發展成功

壹、「結構功能分析」的基本架構：

㈠起源：生物有機論(organicism)

　　　　均衡生理學(homeostatic physiology)

　社會與行為科學最早提及，是人類學(Anthropology)

㈡當代對功能分析貢獻最大者：派森思(Talcott parsons)和李維
(Marion Levy)。基本假設：

　「一切系統都具有可識別的結構，該等結構都履行某些功能，
　其對系統的維持和穩定具有作用，就是有意義。」

㈢系統內各個成份，及系統之間，其關係為「功能互依」(functionally interdependent)，系統具有求取均衡的傾向。

㈣所謂「均衡」的兩個涵義：

　① Easton：系統內的任何變項，就其與別的變項之相對地位及
　　關係言之，保持不變。

　　在此一情境，所有變項達到和諧、穩定或平衡的情境(a condition of harmony, stability, or balance)。

　② Almond：「家庭、經濟體、教會、政治體傾向於在時間之
　　流中維持其本性，變，亦緩慢的。」

貳、結構功能分析途徑的主要概念

兩個基本概念：

(一)「結構」(structure)：

指一個社會及其次級單位的種種安排(arrangement)，建制(institution)就是顯著而正式的結構，另有甚多非正式者。可視其為「成型的」，多多少少循定規的行為(patterned and more or less regular behavior)。

(二)「功能」(function)：

生物學中，某一器官為有機體履行的「任務」。社會科學中，指一項活動的後果(consequences)－僅對產生活動的單位所歸屬之系統具有影響者，稱作「功能」。

①明顯功能(manifest functions)
②隱性功能(latent functions) ｝指功能是否蓄意言。

③優功能(eufunction)
④負功能(dysfunctional) ｝指對系統維持和穩定言。

另：此途徑，一般都設系統的功能要件(functional requisites)。

即 parsons 建立的「必須功能」(functional imperatives)：

① pattern maintenance.（規範維護）

② goal attainment.（目標導向）

③ adaptation.（適應）

④ integration.（統合）

參、政治研究與結構功能分析

㈠ Gabriel Almond 指出一切政治系統的四項特徵：

①政治系統都具有政治結構。

②不同結構履行各個功能。

③任何政治結構都是多重的功能的。

④一切政治系統都是過渡的。

㈡ Almond 較早（1960 年）立下政治功能七項功能要項(-categories)：

①（政治的）輸入項(input)

　　A 政治社會化與甄用(political socialigation and recruifoment)

　　B 利益表示(interest articulation)

　　C 利益集合(interest aggregaion)

　　D 政治交流(political communication)

②（政府的）輸出項(output)

　　E 規則建立(rule-making)

　　F 規則執行(rule-application)

　　G 規則裁決(rule-adjudicatio)

㈢後來(1966)Almond 修正，與鮑威爾(G. Bingham powell)的書中把功能區分三層次：

①能力功能(capability functions)，涉及政治系統，尤其政府的能力，有規約的(regulative)，汲取的(extractive)，分配的(distributive)，反應的(responsive)。

　他們決定系統在環境中的表現。

②變換功能(conversion functions)：輸入→輸出。計有㈡項 B-
　G。

③調適維持功能：㈡項的 A。

肆、各家對結構功能分析途徑的批評

㈠對結構功能的一般性批評：

①第一類：從方法論上批評

　1. Carl Hempel：不能預測、解釋。

　　「功能要件」是主觀產物，「存在的」，非「實證的」。

　2. 假設不能實證：系統自我調節(self-regulation)的必然性是目
　　的論的(teleological)。

　3. Ralf-Dahrendarf：包羅萬象的建構，概念不能描述事物，
　　命題不能解釋現象。

　4. R. E. Dowse：如「維持」、「生存」、「整合」等欠運作
　　定義，乃落入「tautology」（套套邏輯）。

②第二類：規範性的批評：保守，反對社會或政治系統的變
　遷。

㈡政治學中結構功能架構之批評：

① Almond 雖提七項功能要件，但並未說明為何？是否一切系
　統絕對必須。

②實證基礎是西方政治制度，有 ethnocentrism（民族優越感）
　的色彩。

024：論系統理論及其評估。

Easton 企圖把系統論當成總體理論。深受 The general systems theory 和操縱學(cybernetics)之影響。

壹、一般系統論簡述

㈠一組互聯的變項－該組變項與環境必須劃分－及該組變項在環境衝擊下維持自己之方式的研究。

「互聯性」：系統之平行與梯階的聯結性。

「系統與環境」間有邊界(boundary)。斷定邊界，必須：

視 $\begin{cases} 具體系統(physical\ system) \\ 分析系統(analytic\ system) \end{cases}$ 而定。

「維持自己行為」有二義：

①系統和功能論都假定 ___目標___，均衡、穩定。

②欲達此目的必具應付環境的能力。

㈡系統論者依環境與系統關係，區分開放和封閉兩種系統，此處只論開放系統。

環境→輸入項→輸出項→環境

└──────反饋──────

㈢各種系統的比較按：整合(integration)：成份的凝結。

分化(differentiation)：次系統功能區分。

互依(interdependence)：互相依賴。

集中(centralization)：達成目標的一致性。

貳、政治系統理論

(一) Easton 重視一般性系統理論的原因：

①任何層次的政治，都由「統一理論」(unified theory of politics)
來解釋，不須另建理論。

②政治學首要任務是分析一切系統的共同問題。即政治系統持
續生存的問題。

③「部份理論」(partial theories)的集合不足以發展「一般性理
論」。

(二)政治系統涉及下述變項及程序：

①輸入項之類型和性質(The types and nature of inputs)。

②輸入項對系統的挑釁－緊張(stress)和不安(disturbance)

③造成緊張和不安的因素：環境？系統？

④系統處理此種不安和緊張的方法。

⑤輸出項在轉化過程中的角色。

⑥資訊反饋的角色。

(三) Easton 依其假設，下兩圖表示環境與系統的關係：

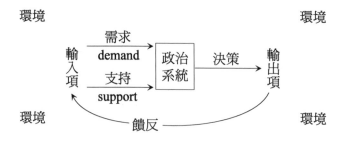

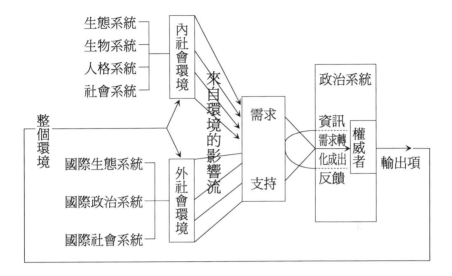

對上圖的說明：

①政治系統為「心智的建構」，它能 goal-seaking、self-transfor-ming 具有 teleological character。

②政治系統是角色(role)構成，不是物象(physical entity)。所以，可以 empirically observable pattern of interaction.

③是有互聯的變項，若此不存在，系統亦不存在。

④系統最主要功能：「為社權威性地處分價值」。所謂「處分」(allocation)：是 distribute、grant、deny。所謂「社會」：整個社會系統。

⑤支持有

{ diffuse support：權威者對成員實施社會化：教育等。

Specific support：成員的需求得到滿足（利益）而產生。

⑥「反饋」：把系統情況和環境資訊回輸給權威者。有了反饋，還要有適量的輸出項，才能保證系統存在。

㈣ william C. Mitchell 修正 Easton：

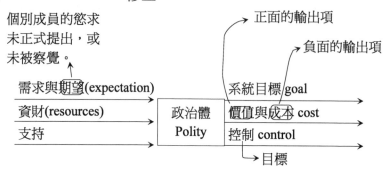

參、政治系統的評估：

㈠影響是大。但解釋力不充份，未引發大量實證研究。故效果局部而片面。

㈡Herbert spir 評「太過專注穩定」，傾向系統穩定性，保守主義濃。因其太關注「系統的生存與騷動」，而未重視政治價值－人的福祉。

㈢Oran yong 評：角色分析偏差，指向角色型對系統維持的貢獻，不是角色者的福利。

㈣Lewis coser 評：依衝突理論評之。隱定和和協(consensus)亦有可議。若干衝突有正功能，有助加強系統內的凝結力。「有限度的仇視」使系統平衡與保障。

　　缺點小結：抽象而普遍，與現實距離太遠。

但 Easton 也有貢獻：

　　①簡化複雜的政治世界。他的架構使我們了解政治與社會系統的關係。

　　②分析政治必須從「總體」出發。

── 補充，參考 ──

壹、系統理論

(一)系統的成份：大體有三種：

　①可辨的要素：若以家庭為系統，成員就是要素。

　②要素間關係：各要素有 a set of relationships，互動互依。

　③系統的界限：即範圍，才能描述出發展、變遷。

(二) systems theory 的運用：

　①最佳的總體研究法，似有啟發作用，而欠解釋作用。

　　「理論」亦不當。用「概念架構」較佳。

(三)系統研究法產生兩組問題：

　①如何處理 inputs 和 outputs。即二者關係。

　②系統如何應付環境？生存衰亡條件何在？（屬功能分析）

(四)均衡分析：（是由系統維持研究法演變而來）

　①基本假定：「政治系統有趨於穩定狀態的傾向。

　　此即韓樸爾的「自律假設」(hypothesis of self-requlation)

　②解釋變革(revolutionary change)

　　重點不在系統如何維持平衡，而是失去均衡，發生變革的原因。鍾森(Chalmers Johnson)的假設：

　　「革命是由於社會系統失去均衡，社會正發生變遷，若要繼續生存，還要再變」。

　　失去均衡原因：價值系統與其他制度差異愈來愈大。

貳：功能分析

功能分析包含下列要素（即關心問題）

　①一個系統。

②若干變項。

③證明這些變項對系統有效能的論斷。

功能研究法在方法論上的條件：

①系統必須有明確的界定，並要指明其界限，否則看不出有變遷。

②變項必須是可證的特性來界定。

③變項會履行某些功能，以經驗界定。

功能分析的類型，有四種：

①單純的功能(simple-functional)分析，或叫「折衷的」(eclectic)描述而已。不用來解釋系統維持。「功能」，即行動。

②系統影響(system-offecting)

功能對系統有某種功能－社會化。

③系統維持解釋：

參議員的習慣(senatorial folkways)、見習制(apprentieceship)、禮貌(courtesy)。

④ Gabriel Almond 系統維持模型。

Politial socialization and recruitment	輸入功能	政治系統	出	Rule-making
Interest articulation				Rule-application
Interest aggregation				Rule-adjudication
Political communication				

第七章　集團理論、決策理論、溝通理論

025：論集團理論及其評估。

重要提示：

1908 朋脫來(Arthu F. Bentley)已有典經之作。

1951 杜魯門(David B. Truman)達顛峰。

是對傳統的制度與公法途徑的反動。

使政治研究：規範性記載→實證分析。

壹、基本認知圖形與概念：

㈠所謂「集團」：互動以追求共同政治目標之個人的集合體。

「互動」：形之於外者是彼此施展的壓力，這些壓力界定了政治系統在某一時空中的形態。型態改變，即系統變遷。

㈡ Truman 把集團分兩類：

①類別集團(categoric group)：某種共同特徵的個人之集合。

②利益集團(interest group)：基於共有的態度，而向其他集團提出要求，引發共有態度的行為型式。

貳、集團與政治過程〈功能〉

㈠集團論者對利益集團在政治上的角色，有二點看法：

①集團競爭是政治過程主要內容，透過集團行為分析，是唯一而最重要的途徑。

②利益集團互動促進社會公益。

㈡ Bentley、Truman 二人打破前人的觀點，認為利益團體合乎社會公益，其理由：

①各集團均相互抵制，政治家不受制約。任何集團的要求不可能 100%滿足，妥協乃成必要。妥協使社會上多數人獲益，即「公益」。

②因重疊會籍理論(overlapping membership theory)作用，使利益團體要求趨向「溫和」和「講理」。

㈢利益團體有兩個積極作用：

①以功能代議，補區域代議的不足。

②協助決策者提供資訊和意見。

利益集團有只合西方，不合東方之議，照 Almond 利益表達之「結構」(interest articulation structures)（即利益團體）有四類：

㈠accociational interest group：通稱的「利益團體」，組織良好，代表特定利益。如工會。

㈡ institutional interest group：除表達本身利益，而有其他目標，能履行某些社會功能。如政黨、軍隊、教會。

㈢ nonassociational interest group：朋黨、派系。

㈣ anomic interest group：群眾運動中自動形成。如暴動、遊行。

參、集團與個人

㈠傳統 Bontley 和 Truman：集團利益等於個人利益。故集團得以維持。

㈡奧爾遜(Mancur olson. Jr.)依自私與理性之論，人在大集團中微不足道，決定性弱，大多不會主動效勞。除非有誘因（利益）和壓力。故小團體更能達到目標，實現公利：原因：

①成員分享利益多。

②成員對獲得利益看得見。

③彼此認識，表現就是誘因。

肆、集團途徑之評估：

㈠缺點與困境：

①有文化上的偏狹性：奧蒙的分類不適東方。無實證支持。

②變項未加以聯結，未指明關係，難有解釋力，無發展可驗性的「通則」。

③到目前研究系統(research context)甚狹。我國更無人研究。

㈡優點

①最早把政治分析自傳統中解脫出來。

②注意力放在概念釐清、分類等，已有強大描述力。

③有濃厚的實證主義色彩，資料蒐集和整理方面成果甚豐，已可產生有價值的假設。

另：組織的利益集團大規模出現，社會必具先決條件：

①技術條件：如組織才能。

②社會條件：溝通暢達，人際互信。

③政治條件：法定組織、自由、民主。

④經濟條件：經濟、設備。

主要補充資料

壹、團體在治研究中的重要性

(一)團體在政治系統中的重要性，分兩類說明。

　①Bentley：團體活動就是政治。描述團體，即描述政治。

　②Truman：「團體行爲是政治中心」。但非所有政治行爲都是團體行爲。個人必須依存團體中，才有意義。

(二) Bentley 對團體和個體概念看法完全不同。

　①個體的態度、信念只是些「精神要素」(soul stuff)，無從羅致，在政治研究中無用。「政治就是團體行爲」。

　②他是全體論者。

(三)Truman：是個體論者，團體可以化約。政治團體是由個人和個人間的關係構成。但，團體是個體的總和，團體行爲是有效的分析單元。

(四)對團體的其他看法：

　①Bentley：國會或巴力門，只是團體之一。政府只是壓力團體記錄者(register)，不是政治過程中的主力。都有其自利。政府程序，只是利益團體運作的技巧。

　②Truman：利益團體是有相同態度(share-attitude)的團體，若透過政府機關表現其主張，就是。與攻府有接觸才是

政治團體。

貳、接近(Access)

(一) truman：利益團體要能接近政府的決策重點，才有發展。A 團體比 B 團體有力，因更能接近政府。Access 為團體和政府提供重要的連鎖。

(二) access 測定團結程度

團體愈團結(group cohesion)，組織(arganization)愈密，接近機會愈大。

(三) 團體採取的策略，都為發展接近機會。

參、團體研究評價

(一) 忽略個人特質，但多數團體理論家，乃肯定個人重要。只是團體層次(level)研究較聰明。

(二) 未考慮到國家、民族、社會。

Truman 反駁：團體利益無所不包，不存在。所謂「公共利益」是團體競爭的結果。

026：論決策理論。

壹、決策與政治決策之涵義

(一)所謂「決策」？即下列聯續過程：

「問題認知、資訊探索、選項界定，行動者就選項中選擇其一。」

各階段相合，以最高度達到目標。

(二)蜀樂(yehezkel Dror)把決策分成兩類：

①個別事務之決策。

②對決策系統之決策(metadecision)。此點就是政治決策，但太狹隘。

(三)列克(William Riker)：政治學者研究的專題，是決策。

貳、決策的本質：若干模式—第一類決策理論

理論家依「理性」(rationality)程度不同，有四種模式：

(一)充份理性模式：（即規範最佳決策模型）

決策者按理性之準則加以排列，選出達到目標的最宜(the optimal)方法。

特徵：個人性格不列入變項考量。

(二)有限理性模式(bounded rationality model)

賽蒙(Herbert Simon)提出，修正前者。必須有限的原因。

①所提供的資訊不可能完全滿足。

②決策者才智有限。

③環境複雜，變項太多。

㈢小幅累積改變模式(small-incremental changes)

林勃龍(charles E. Lindblom)提示，一般決策都是「連讀的有限比較」(successive limited comparison)。

對穩定系統有用，但變遷大便不行，較保守，此即所謂漸近決策模型。

㈣官僚議價模式(bureaucratic hargaining model)

古巴危機為例，決策是各官僚討價還價，折衷妥協而成。

參、決策過程的理論——第二類決策理論

㈠決策情勢：三種描述方式

　　①國際關係學者喜用「危機與非危機」(crisis or non-crisis)的二分法來描述。

　　②荷斯蒂(ole R. Holsti)從個人認知、判斷做假設：

　　　1.危機加深：決策者的「時間」，現在重於未來。

　　　2.危機加深：對手選項比盟友多。

　　　3.溝通堵塞，信息 stereotyped，易賴非正式溝通。

　　　4.決策中心成員愈少，異議愈少。

　　③決策情勢可按場合來決定：社區、組織、小集團、行政、立法等。即環境和組織→決定→後果之一。

㈡決策參與者：界說紛紜，一般採：

　　「按人員的正式職位，暫時界定決策者，再隨資料研判而作合理增減。」

㈢決策程序：各家有出入

（左側豎排）決策過程的變項叢(Variable clusters)

① Harold D. Lasswell 認為有七個「功能階段」：

　1.資訊：問題斷定，資訊追索。

　2.推薦：選項形成。

　3.發令：選項的權威性選定。

　4.試用：暫時執行。

　5.執行：具體實行。

　6.評估：對決策及效果查核。

　7.終結、延期、修改、廢止。

② James A. Robinson and Hermert Simon：分四類：

　1.problem-solving：技術性屬之。

　2.persuasion：對首長「說服」用之。

　3.hargaining：數位決策「討價還價」。

　4.logrolling：議員「滾木」分肥。

③ James A. Robinson and R. Roger Majak：分三類：

　1.心智的(intellectual)：決策者的分析、研判、創見、領悟，理性模式屬之。

　2.社會的：結盟、利益團體的互動、集合(aggregation)。

　3.準機械的(quasi-mechanical)：決策者對角色缺乏明確意識。一般機關例行決定屬之。是「定規的決策」(programmed-deaision)。

㈣決策成果，兩家見解

　① Robinson 和 Majak

　　1.輸出項(output)：整個過程的成果，如 Lasswell 的七項。

　　2.後果(outcame)：輸出的總和。

　　3.效果(effects)：決策後果產生的影響。

②Lasswell 和 Abraham Keplan 有權力、respect、rectitude、af-fection、財富、技能、enlightenment、福利。

決策理論的估量

㈠缺點：

　①僅是一個概念架構，欠產生命題與解釋現象的能力。

　②架構廣泛，結構鬆散。

㈡優點：

　因其廣泛，故能包含心理學、社會學、組織理論……，全部納入決策變項。待日後有機會發展。

027：論決策研究法、模型及其優異性。

壹、權威性政策與政治學的定向概念

（一）國家概念（19 世紀末－Ｉwar）(the concept of the state)
概念不清。只研究制度、法律，沒有研究人的行為，不足以達到實證目的。代表的研究法：institutional and legal approach。

（二）權力概念（Ｉwar－ＩＩwar 間）(the concept of the power)
①名詞難別，如：influence、authority、social control、coercion
②偏重權力的社會基礎之分析，忽略目的。
偏偏政治行為含有價值取向。
③權力的涵義，界說爭論太多。
代表研究法：psychological and sociological approach。

（三）權威性政策的概念（ＩＩwar 後）(the concept of authoritative policy)。代表研究法：decision-making approaoh。
①涵意比較確定。
②可為政治學劃定適當範圍：「權威性政策」。
③「人」：有較高的可觀察性和可證性。
④以權威性政策作為定向，可使政治學中的傳統分科得到整合。如：
「政治哲學」、「政治思想」：探討權威性政策之目的。
「政治制度」、「公法」：分析－的制定及執行、規範。
「公共行政」：研究－在執行上的技術。

政治發展的三個時期（三個定向概念）

「政黨」：研究民意組織和權力－之間轉變的關係。

「國際關係」：分析兩個社會以上的－間的合作與與衝突。

貳、決策模型與決策研究法

㈠決策型模：

DV：「〰〰〰〰〰」主觀願望，難於衡量。

DF：「――――」：環境因素易於印證。

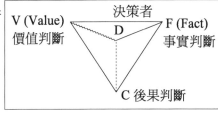

S：(decision-making situation)

DC：「‥‥‥‥‥」：未來推測，難於準確。

㈡決策研究法（仍以上型模為架構），涉及兩個領域：

①決策者：指一個很大的組織。

塔頂的結構有兩類：open elite 和 closed elite 決策者可能在政府內、外、上，不一定。

②決策過程：上圖為最理想方式

1. 價值判斷：決策者等必有目的→涉價值。其變數：個人信仰、文化、人格、經驗等。

2. 事實判斷：

甲：決策場合的廣度。達到的目的多。

乙：兩類事實的考慮 ⎰①人類行為（理性、非理性均有）

⎱②非人類行為 ⎰自然的：氣候

　　　　　　　⎱人行為的：制度。

　　事實與價值難分；方法有：

　　①有意識的認清兩者分野。

　　②作事實判斷必須保持高度客觀的科學態度。

　　3.後果判斷：困難，但可訓練。依據：

　　　甲：以想像力增強判斷力。

　　　乙：藉科學理論訓練，提高預測力。

參、依方法論分析決策研究法的優異性

㈠方法論(methodology)：研究工作的分析，或對方法及研究法的批判工作。

　　研究法(approach)：選擇問題及資料的準則，如功能研究法，系統研究法，意識型態研究法。

　　方法(method)：蒐集及處理技料之技術，如問卷法、統計法、分析法、局內觀察法。

㈡評定研究法優劣的兩個標準：

　　①經驗證明。

　　②用其他研究法來與決策研究法比相。

　　依此標準，下面㈢～㈥即評定決策研究法的優異性。

㈢分析單元(The Limit of Analysis)

　　①國家為向定：制度與法律的研究法不足。

　　　權力為定向：心理、社會學為途徑，但不易界定。

　　　行為研究法：人為單元，但沒有創新系統。太廣泛。

　　②選擇分析單元，最健全途徑要滿足三條件：

　　　1.分析單元：人與人的行為開始。

2. 單元要適合權威性政策的定向概念。

3. 單元：要有助系統推演。

小結：以上各研究法，以決策研究法最能滿足此三條件。

㈣完形分析：(configurative analysis)

①完形分析的兩種涵意：

1. 是完形心理學涵義：人與文化的交互影響關係。如存在文化中的價值系統，內化到人格中，是人格的部份。

2. 價值分析與經驗分析，在決策過程中，立為並存與條件。

②決策研究法必須採用完形分析的兩種涵意：

1. 決策者選擇行為計劃，決定於兩方面：環境因素、人格因素。

2. 決策者的行為分析：價值分析→價值判斷。
　　　　　　　　　　　　經驗分析→事實判斷。
　　　　　　　　　　　　發展分析→後果判斷。

③決策研究法三種功能（優異處）：

1. 把其他研究法納入，得到「研究法」的整合。

2. 用不同的分析方法，在系統中發生「方法」的整合。

3. 採各種行為科學理論，產生科際整合。

㈤解釋與預測(explanation and prediction)

①解釋：現有的果 ──回溯→ 因

　預測：已知的因 ──推未來→ 果

②決策研究法較可能建立經驗理論之原因：

1. 是用可經驗的人類行為作分析單元。

2. 與其他研究法比，較具有推演性的系統。

3. 最適合研究權威性政策。

　　　　　　　　　　　　　　　　　　　　預測

㈥理論與實際(Theory and practice)

　①科學研究最後目的：解決人生、社會的實際問題。但也要達
　　到兩個目的：建立理論，解決人生問題。

　②由此一觀點，決策研究法優異有三：

　　1. 是從經驗中抽離特點，建立型模。

　　2. 可採個案分析，對建立理論和解決問題有用。

　　3. 可協助訓練實際決策者的途徑。

028：關於溝通理論之概念、模式、與溝通網如何？申論之。

重要提示：

政治學的溝通理論來自：

①操縱學(cybernatics)和 information theory。

② communication mets 理論。

③組織理論、大眾傳播學。

壹、溝通模式之主要概念

㈠ cybernatics：魏納(Norbert Weiner)：指能自我節制的機器，電腦與有機體的神經系統，其生理與運作的理論。他們能保持 equilibrium 與 good-seeking systems。

㈡資訊(information)：「事件間的成型關係」。(patterned relationship of events)。

㈢信息(message)：「任何完整，獨立存在的觀念或思想」。

㈣ Communication channels：口語、媒體，communicators 和 receivers、opinion leaders。

㈤ channel capacity：可計量表示，不要 overload。

㈥ communication network：有力的決策者佔據於溝通網的樞網點。

㈦噪音(noise)：與決策或決策者考量之問題無關之消息。其成因是傳遞的損失(loss)和歪曲(distortion)。

㈧反饋：杜區(Deups)：有 positive、megative feedback cumplifing-，good-changing feedback。

反饋要適應，目標移動，才有利於系統均衡。

參考觀念

Isaak：

曲解(distortion)：按受資訊到反應之間的轉變，曲解大、麻煩大。

學習(learn)：系統自動儲存一些成敗經驗，以備再用。

目標達成有賴四個因素：

①負荷(load)：系統地位為準，目標地位改變程度。

②時差(lag)：接到反饋資訊與處理的時程。

③得益(gain)：行為真正改變之量。

④導程(lead)

Isaak，負荷：環境對系統產的壓力。負荷愈大，調節愈困難。

間隔(lag)：系統接受資訊到反應的時間。間隔愈大，維持能力愈弱。

更易(gain)：系統因負荷而造成的變化程度。

領先(lead)：系統預測環境未來狀況之能力，以便先調整。

貳、溝通模式簡述（狹義溝通理論即指此）

㈠ Deutsch 認為（即 Karl W. Deatsch）

欲達成目標，系統必須具有獲得反饋能力，欲有此能力，有賴溝通網。

㈡決策：旨在改正系統之行為，它是政治活動的中心。而溝通是決策的樞紐，系統之成長與變遷可由分析溝通而得。

參、溝通模式評估

㈠缺：仍是局部理論。政治行為≠決策行為。

㈡優：①概念界定明確，並運作化。②資料可以計量。

肆、關於溝通的理論及大眾傳播的政治溝通。

㈠網的方式：

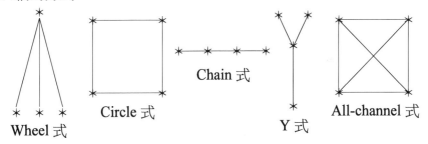

Wheel 式　　Circle 式　　Chain 式　　Y 式　　All-channel 式

各類網不同，只影響集團組成速度，不致影響其功能。

㈡大眾傳播或大眾媒體溝通(Mass communication)有四種界說：

　①藉符號之運用－文字、圖畫、表情－傳遞資訊、觀念、情緒、技能等的行動或過程。

　②資訊與說服(persuasion)藉以通過的媒體。

　③個人與集團的聯鎖。

④人類關係之存在與發展所依存的機件(mechanism)。

㈢ Lasswell 描述溝通行動：

Who ‧ Says What ‧ In Which Channel ‧ To Whom ‧ With What Effect。

㈣麥魯漢(Marshall McLuhan)：「媒體即音信」(the dedium is the message)。

媒體有兩類：

① Cool media：要求接受者自己介入，以自己知識來補充資料：如電視。

② hat media：接受者保持超然，如收音機。

第八章　政治精英、組織分析、建構類型、政治社會化

029：論政治精英的研究途徑。

觀念提示：

精英途徑的挑戰：

$\left\{\begin{array}{l}→傳統制度：重少數決策者，輕政府形式。\\→集團途徑：強調一個集團，輕其餘的互動。\\→階級分析：重某一層，輕其餘。\end{array}\right.$

精英途徑基本前提：統治者和被統治者

(一)兩個有價值的理由：

①對極權政治系統與開發中國家者，其精英的影響力是決定性的。

②精英易於認辨，資料也比一般民眾多。

(二)研究古代政治亦可用（我國更是），如：

①司馬遷的史記，籍本紀、列傳來描述精英。

②我國的地方誌。

壹、精英分析之萌芽史

(一)前驅者

　①聖西門(Henri Comte de Saint-Simon，1760-1825)，法人。

　　社會是一座金字塔，塔頂為政治精英，政治領袖應由精英
　　（如藝術家、工業領袖、科學家）任之。

　　而不是世襲的貴族。

　　太具規範色彩，已式微。

　②坦因(Hippolyte Taine，1823-1893)，法人。

　　他把法國大革命前的舊政權(The Ancient Regime)的「統治階
　　級」稱為「特權階級」(privileged class)。

　　有法王、貴族、教士，是革命製造者。

　③根潑勞維茲(Ludwig Gumplowicz，1838-1909)，德人。

　　生理優越，智慧高的「政治精英」應治理社會。

　　國家與政府是少數人有組織的控制多數人。

　　精英論的前驅者共同注意：誰統治社會？

　　　　　　　　　　　　　　統治者共同特性？

　　　　　　　　　　　　　　如何維持優起地位？

(二)奠基者

　①柏雷圖(Vilfredo pareto，1848-1923)義大利人，精英：就是最
　　有才幹的人，不論道德與否，能得最多的便是。

　　1. 把精英又分兩類：

　　　甲：治理精英(Governing Elite)

　　　乙：非治理精英(non-Governing Elite)

2.「精英流通」(circulation of elite)

　　莫氏首創，柏氏贈予內涵。精英組成份子不斷改變，不論革命或漸進。

3. 柏氏架構有兩項不可分因素：

　　甲「殘留質」(residues)：情緒反應出來的某些品質。

　　乙「衍生質」(derivations)：證明理性的藉口。

4. 封閉而高不可攀的精英集團是政治不穩定的主因，往往是革命或動亂前兆。柏氏特重「殘留質」的改變和精英流通，此一觀念與當代社會變遷問題有密切關係。

②莫斯卡(Gaetano Mosca，1859-1941)，義大利人。

1. 一切政治系統都有兩個階級；

　　統治階級：政治的，人少，獨佔權利。

　　非統治階級：人多，受指揮。

2. 莫氏探討的兩個主題：

　　甲：政治精英的本質：精英地位如何得來：

　　　　原始社會：征戰———軍事的。

　　　　較進步社會：宗教符號—宗教的。　　四者亦不分立。

　　　　愈進步社會：財富———經濟的。

　　　　最進步社會：知識———才智的。

　　乙：精英地位維持（社會持續與變遷）

　　　　A：「社會型」(social type)：即加速政治社會化。

　　　　B：political famula：統治者的理論基礎和神話。

　　　　C：摹彷性(mimetism)：使被統治者接受環境。

　　　　D：精英流通。

　　　　E：軍隊支持。

③密契爾斯(Roberto Michels)瑞士人。

寡頭鐵律(iron law of oligarchy)。三個主題:

1. 一切組織為何有寡頭管理的存在？

甲：事實須要，組織大要有代表、專家。

乙：組織欲應府環境，達成目標，必須紀律團結，須有經常領袖。

丙：群眾心理要有領導者，才不茫然。

2. 寡頭集團的一般性質：

個人特質：智力、技術上的優越。

政治傾向：開明→保守。

內部關係：年老和年輕領袖的衝突。

3. 寡頭維持自己地位的理由：

甲：使用 general ethical principle，此即莫氏的 political famula。

乙：成員品質、如忠貞、敬業、經濟上的自足。

丙：避免腐敗、內鬨、失去責任感的「自然傾向」。

丁：自群眾中吸收新人和新觀念。

貳、精英分析之建立者

拉斯威爾(Harold D. Lasswell)是現代社會科學精英分析的建立者。1935 他的巨著「World politics and personal insecurity」說：獲得任何價值的大部份之少數人謂之精英，其餘為百姓。

參、精英分析之評估（針對概念界定上）

㈠ Lasswell：「在集團中權力最多的那些人是精英。」

　　　　　　：「精英是最具影響力者。」

㈡密爾斯(C. Wright Mills)：「政治、經濟、軍事領域中，聯結或重疊的派系，分享全國性影響力的人。」

㈢其他尚有 T. B. Bottomore、Suzanne Keller、William Kornhauser、Geraint Parry 等。

㈣大體上政治學者重視權力和影響力；社會學者重視社會地位。Lasswell 前的學者論「精英」：有「素質上的優越」成份；之後，拉氏較由「權力」和「勢力」，而與精英個人素質無關。

030：組織目標與模式及古典組織理論為何？

壹、組織目標、目標模式與系統模式

(一)組織目標：

①組織目標履行數項功能：為組織提供努力的方向；組織的活動與存在有「合法性」(legitimacy)基礎；衡量組織成敗、效能、效率的基礎。

②誰決定目標？目標在那裡？各階層角色不同。有時又涉及「真實目標」與「宣傳目標」(stated goals)。

③衡量組織優劣、存亡依據：

效能(effectiveness)：按實現目標的程度定之。

效率(efficiency)：按產生某單位的產品之資財而定。

以下有兩種衡量組織成敗的模式：

(二)第一種：「目標模式」：以目標的實現與否為中心的研究途徑。有兩缺失：

1. 因其不能達到，多數論文討論其原因，忽略深層分析。

2. 目標是理想，均可視永不到達而失敗，難以比較。

優點：省時省事。

(三)第二種：「系統模式」：重視系統維護。資源亦投向系統。有兩個次級模式：

1. survival model：一組必要條件，若有，則存。

2. effectiveness：界定系統內諸成份關係。

貳、古曲的組織理論（即古典的行政理論），又名「科學管理」(scientific management)

㈠此一古典途徑包含兩部份

　①行為動機理論：

　　泰勒(Frederick W. Taylar)：強調物質酬勞。

　　動機 ——— 恐懼飢餓＋慾望利潤。

　　所以：員工須要經濟誘因。

　②組織理論：

　　核心觀念是分工，愈細愈專愈佳。

　　但分工要和 unity of control 相平衡，層層節

　　制，形成一個 pyramid of control，每一控制者所控制的部屬

　　界定其 span of control。

㈡組織分工原則

　①任務目的。

　②同一過程完成同一類者歸入一起。

　③按工作對象。

　④按工作地點分工。

　　此一原則受到的批評：分工有時也受當地文化、環境、人口素質、政治因素影響。

參、人情關係說　科學管理 ──→ 結構說
max weber 是先驅

(一) scientific management（同前）

(二) The Human Relations Approach

　①員工的工作量是他的社會能力(social capacity)、社會規範決定，非其體力(physical copacity)。

　②對動機，非經濟的更重要。

　③最高度專業化分工不一定有效。

　④重視溝通、參與、非正式領導。（Elton Mayo 是此派祖師）

　　此派有實證證明，科學管理的許多假設受到挑戰。

(三) 人情關係說　科學管理 ──→ 結構說，並攻擊「人」派。兩派不同：

人情關係說	結　構　論
①團體內的「和諧」harmany。	①有困境、有衝突，但可減低。
②只探究工、商組織。	②擴大到軍隊、監獄、教會等。
③可用經濟誘因消弭。	③員工挫折感能減低，不滅。
④組織內不宜有衝突。	④衝突有益。

(四) 結構論者對人情關係派的實證研究，有批評：

　①研究變項太少，重非正式人際關係，輕正式，結構論並重。

　②非正式集團的範圍及存在被「人」派過份強調。

　③「人」、「科」派均不重視環境。

　④結構論者認經濟、非經濟都重要。

　⑤「人」派以為一切都是和諧的，未見衝突面。

031：論韋伯的官僚理論與現代組織。

壹、韋伯的官僚理論(Bureaucraey theory)，Max Weber 稱「組織」為「官僚」

㈠人為何會或要自願服從政治系統，有三個標準，即三類權威：

①傳統的：行之有年，習慣自然，不問是否合理。

②理性－法律的：思考其制定的程序是否合理。

③ charisma：賴個人威望，非凡才華。

　Legitimation（合法化）：成員認同組織價值，接受權力。

　Power（權力）：使成員接受命令的能力。

這兩部份相加，就是權威(Authority)的形成。

㈡ Weber 認為前①③都不好，只有②理性－法律的組織，高度理性化結構，才有效能和效率。其特質：

①用規則約束公務功能，標準公平。

②「職權的固定領域」：有：

　1. 履行領域內任務。

　2. 負責執行任務者有必要的權威基礎。

　3.「必要的權力」仍受界定限制。

　4. 成員了解工作、權利、權力的限度。

③職位按階層原則設立，上級監控下級。

④權威也基於知識與訓練。

⑤組織公產和官員私產要分開。

⑥「職位」不被獨佔、控制、或視為「私產」。

⑦一切行政工作、決策均訴諸文字。

貳、組織內的行為－（個人與團體）

個人與團體的衝突－調適，有下列四種「模式」：

㈠ Frederick W. Taylar「經濟人」：經濟動機＝行為動機。

㈡ Abraham H. Maslow「自我實現」：生理→安全→情愛→尊敬←自我實現。

㈢麥克里蘭(David C. McClelland)「成就需要」(need for achievement)，才有強烈動機，來自文化。

㈣哈茲伯(Frederick Herzberg)「二因素」(two-factor)。

個人行為方面，涉及態度與人格，人格由學習而來，學習與行為形成有二個重要理論：

①巴夫洛夫(Ivan P. Pavlov)：古典制約反射(classical conditioning)論。

②史肯納(B. F. Skinner)：運作制約反射(operant-)論。

集團行為方面有：

①正式集團：受指揮集團(command group)：組織表上向某長官報告的僚屬，任務集團(task group)：共同完成特定工作的員工。

②非正式集團：

Interest-group

Friendship group

參、現代組織與外環境關係

㈠現代組織興起：大、理性。

㈡現代組織出現的社會條件：

　①專業、分化(differentiation)，效率增加。

　②社會結構改變→文化改變。Webber 的 protestant ethic。教義訓誡信徒勤勉、節約，有助資本形成→資本主義。

　③現世化，傾向現實，實證、求於現世。

　④人格、心理的改變：如「組織人」特徵：

　　1. 角色重疊，仍能調適。

　　2. 較能忍受挫折，宕延慾望之滿足(gratification)。

　　3. 他必須具有成就傾向。

㈢大社會（國家）如何規範各組織：大致有：

　①國家依法管理。

　②放任少管，非必要不管。

　③國家管制各組織關係：如政黨立案、選舉。

　④指標性規劃(Indicative planning)：指示目標，鼓勵爭取。

　⑤極權計劃：一切聽命國家。

㈣組織社會的未來：

　①開發中國家：專業、理性→現代化，克制腐化。

　②極權國家：分化、專業、自主增加。Control by regulation 可能取代 control by decree.

　③現代民主國家：重視個人需要，謀求平衡。

032：政治研究中建構類型的基本特點及一般功能。

壹、建構類型的基本特點

㈠古典使用「建構類型」之典範：

　①五世紀 B. C，醫學之父海卜克拉迪斯(Hippocrates)擬想長瘦與肥短兩型人，協助觀察疾病。

　②柏拉圖(Plato, 427-347 B. C.)「建構」一個「理想國」來做標準，以分析其他政體。

㈡「建構類型」一詞的由來：

Weber最初用「理念類型」(Ideal type)，被誤有倫理意涵→「建構型模」(constructed model)→「理念型模」(Indealized model)。

到 1940 柏克才用「建構類型」(constructive typology)

H. Becker, "constructive typology in the social science", American sociological review, Vo.. 5(February,1940), pp. 40-45。

㈢ M. Webber 用特殊方法解釋 ideal type（即 constructive typology）：

　①它不是假設。假設是個真實的，具有可證性的命題，一經證明即可視為真。「它」祇是一個抽象，沒有經驗上的可證性。

　②「它」不是真實的描述。描述對具體存在的事物或過程有對照性。「它」只是個抽象。

　③「它」不是平均。

　④「它」不是一類事物共同具有的持性。不是通則。

㈣進一步從三方面說明 constructive typology 特性。

①是邏輯性的心智建構：

「它」不代表經驗世界的存在，也不能從事實證明。僅抽離可以經驗的某些成份，加以強調，並通過邏輯上推理，而設製一種心智建構。

如「理性人」(rational man)。

真實世界中沒有一個完全的「理性人」，但有部份是經驗存在的。

②是理論性的因素選擇：

對①中，抽離出的某些經驗成份加以強調，進而對這些成份附加條件性的選擇，這個選擇是有計劃、有目的的「理論興趣」。

例如「人」：有理性、情感、道德⋯⋯因素，研究者選擇「理性」，因其足以說明人類行為。

當然，用其他因素來建構亦可。如「經濟人」。

建構類型只是手段，理論興趣才是目的。

脫離理論系絡(theoretical context)，建構類型便無意義。

③是統攝性的特殊概念：

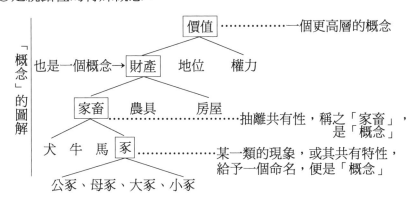

　　個別具體事物不是概念，如一隻牛叫「阿花」，因其是固定、個別指謂，不是概念。

　　概念與建構類型的不同

概　念	建構類型
① 單 一 性 範 圍(homogeneous universe)　指一個類的共同特性。	重邏輯性意涵(configurative significance)　對事物有關因素，作綜合性組合。
②經驗指涉程度高。	經驗指涉程度低。

　　相同：兩者同是心智建構。

貳、建構類型的一般功能

㈠對批評建構類型「非科學」的解釋：

　　是否科學，決定在經驗研究的過程中有無產生效應，不在能否經得起經驗證明。數學、邏輯完全非經驗仍是科學。

㈡社會科學為何須要「建構類型」：

　　變數多，不能控制實驗。難於觀察，更難找出現象間的因果關係，若建構類型，對科學研究過程均可當工具，而產生啟發(heuristic)。尤其做實證調查之前。

　　韓培爾(C. G. Hempel)把建構類型分三類。如下㈢－㈤。

㈢分類的類型(Classificatory types)

　　普通人把一群人可能分成的白人、黑人、黃人。此是「自然分類」。但心理學家可能先建構一個「理性人」的理念類型，把這群人依理性程度，A、B、C三類。此謂之「人為分類」，在科學研究上功用較大。

㈣異極類型(polar or extreme types)：有兩分型：

①設一標準 T，拿其他類與 T 比較。

②若把 T 化成數字級距表：如寒暑表更精確，用途更大，社會研究經常使用。

㈤理念型模的類型(Idealized model)：

①此型特性：

複雜。Model variables 多。可助觀察、分類、比較。而有助假設提出及理論化的推進，亦可能有解釋、預測功能，而與理論等位。

②有兩種不同形式：

甲：正統的理念型模(legitimate idealized models)

當其想像成份，具有實驗基礎則是。

如未來學(futurism)建立一個型模，以預測人類前途，擬想地球上無氧……。可實驗。

乙：非正統的理念型模(illegitimate idealized models)

如擬想，第三次世界大戰在亞洲爆發。不可實驗。

033：論建構類型與政治事實觀察及政治理論建造。

壹、建構類型與政治事實觀察

㈠下面都是現代政治學家建造出來的「建構類型」，它們不是描述性的，不代表真實世界上的具體存在，只是一些「基本概念」，若對概念不知，便不能夠觀察現象。

如：

民主人格(democratic personality)

部落的政治文化(parochical political culture)

臣屬的－(subject political culture)

㈡建構類型與實證研究：

實地調查(field survey)和經驗調查(empirical investigation)前，必須先有既存理論或建構類型為背景與依據，否則調查極難有效。

建構類型	觀察	比較	分析	真實現象

㈢不能用兩個真實事物比較的道理

沒有標準，各自為中心，滲入主觀價值判斷。如早期社會學家孔德(A. Comte)和斯賓賽(H. Spencer)等人，仍欠缺科學標準。直到 Webber 和 F. Tonnies 等人，有「建構類型」之形成。從此以後，政治研究便以此為主流。

貳、建構類型與政治事實的分類。

(一)政治研究不能用普通分類：

　　如自然科學區分動物、植物、礦物方便，社會現象不行：

　　①特性不易認知。

　　②個別特性找出後，可能找不到第二個同類。

　　③「人」是最大的變數。

　　正如區分成文－不成文憲法，民主－獨裁之不當。

(二)所以，只好使用以建構類型為基礎的「光譜分類法」(spectrum classification)：

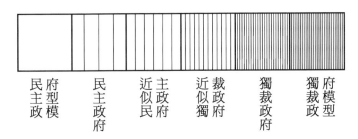

民主政府型模　　民主政府　　近似民主政府　　近似獨裁政府　　獨裁政府　　獨裁政府型模

參、理念型模(idealized model)與政治理論建造

(一)瓦提肯斯(J. W. N. Watkins)把理念類型分二種：（即 Hembel 的理念型模）

　　①全體論的理念類型(holistic ideal type)：

　　　抽離社會整個特點，不可觀察，不能通達經驗事實，沒有解釋力。

②個體論的理念類型(individualistic ideal type)：

　　透過個體觀察，才能看到社會事實。才可能產生解釋力。此

　　即 Hembel 的正統理念型模。

㈡理論建造（概念製作→陳述建立→理論建造）中，理念型模的

　功用：

　①提供因果歸屬線索，協助陳述建造時建立關係上，找到合理

　　捷徑。

　②在過程中考察是否合乎邏輯推演與經驗印證。建立巨型理

　　論，若無理念型模標準，如建大廈而無藍圖。

　　用兩個實例來說明「理念型模」與現代政治關係：

㈢第一個：理念型模→政治發展

「政治發展」，是政治生活透過時間變化的歷程。複雜不易觀

察。若抽離某些因素加以強調，經由邏輯的想像，另建構一個

理念型模，依此與真實世界比較，易找到變遷因素，建立通則

或理論。

T. Parsons 為研究兩種社會的差異，提出五組型模變項：

組別	traditional society	modern society
1	普化性(diffuse)	專化性(specificity)
2	情感執著(affectivity)	情感中立(affevtive neutrality)
3	關係取向(ascription)	個人成就(achievement)
4	自我定向(self-orientation)	集團定向(collective orientation)
5	個殊原則(particularism)	共同原則(universalism)

任何一組都可塑造成理念型模。F. W. Riggs 依 parsons 的第一組

變項：「普化－專化」，塑造出三個：

鎔合的型模 (fused model)	→稜柱的型模 (prismatic model)	繞射的型模 (diffracted model)

是傳統社會的普化性，單一結構，負起整個社會整合與持續的功能。如「家庭」——有教育、政治、經濟……所有功能。是鎔合的社會。

真實社會是這之間的連續體。免除「傳統」與「現代」的價值意涵。易於建立因果關係及理論。

現代社會的專化性。結構多元，每一結構負擔一種功能。如家庭、教會、工會、政黨……只一種功能。繞射的社會。

㈣第二個：政治文化

①何謂政治文化：Lucian W. Pye：

是一套態度、信仰、情感的組合。此種組合，一方面對政治過程賦予使命和意義，次為政治系統的控制提供假設及規律。

② G. A. Almond 和 S. Verba 製造一套理念型模做為分析工具：

有三個型模：

	型模名稱	政治系統	輸入項	輸出項	自我
1	部落的政治文化 (parochial political culture)	○	○	○	○
2	臣屬的政治文化 (subject political culture)	－	○	－	○
3	參與的政治文化 (participant political culture)	－	－	－	－

「－」：代表社會成員能意識得到。

「〇」：代表社會成員意識不到。

政治文化（重要補充資料）

壹、政治文化研究之緣起：

是對民族性的研究，例如黑格爾(Hegel)，L. W. Pye 等人。
經驗研究及民意調查，比較政治研究的新方向，民主政治
的政治文化之建立。

貳、政治文化的意義與面向：

一、最早 Gabriel A. Almond 在比較政治體系上說：是政治行
　　為和政治評價的主觀取向(subjective orientations)。一般
　　有三個面向：

　　①政治信仰：是對政治體系內各級結構和角色的基本觀
　　　念。或叫認知圖(cognitive map)。

　　②感情指向(affective or cathectio orientation)。

　　③價值。

二、政治文化指向的對象：國家民族認同，政府權威評估，
　　決策過程，同胞愛，政治參與，政治能力的自我期許。

參、政治文化的特性及研究方法。

如文化與各種次級文化，次級文化間的競爭及解決。研究
法如：

一、研究架構建立：如單變項理論，parsons 有四個變項，Al-
　　mond 的三個面向。

二、實際研究。

三、可行途徑：應與政治社會化相配合，巨視微觀互用。

肆、政治文化之形成及嬗變：

一、形成：羅森堡(W. A. Rosenbaum)認有四，政治社會化，
　　歷史經驗，政府作為，個人生活經驗。

二、賡續：體系理論和霸權理論(hegemony)各有看法。

伍、政治文化的類型：四種分類。

一、從認知對象來分類：有地方性的(parochial)、臣屬的(sub-
　　ject)、參與的(participant)三種政治文化。或有混合者。

二、從信念性質分類：L. W. Pye and Sidney Verba 提意識型
　　態型和實踐型(pragmatic)兩型。

三、從文化的一致性分：如 homogeneous→continum→hetero-
　　geneous。

四、世俗化(secularization)和世界文化。

陸、社經及個人因素與政治文化有關：如經濟、職業、教育、
　　住地、年齡、性別、社會動員等。

柒、發展中國家的政治文化。

一、傳統與現代取捨的矛盾。

二、普遍的文化異質。

三、高度的形式主義。

　　　如文化落後(culture lag)造成「時代差錯」(anachronism)。
　　　文化超前(culture lead)造成形式主義(formafism)。

034：論政治社會化的涵義及類型。

提示：

皮耳斯(B. L. Pierce)，1933 年講「公民組織與青年的公民訓練」

梅菱(C. E. Merriam)，1934 年講「美國的公民教育」

海門(H. H. Hyman)，1959 年著「political socialization」

壹、政治社會化的涵義

─── 參考提示 ───

政治文化(Political Culture)

　　每一政治體系均有其特定的政治文化。所謂政治文化，指一政治體系的成員所共同具有政治信仰(political belief)與態度。為維持(maintain)並持續(perpetuate)該體系的政治結構的必要條件。

　　政治文化的內涵包括一整套的政治準則(political norms)，政治價值(political values)、和政治認同(political identity)。這些準則、價值、與認同，經由「政治社會化」(political socialization)過程，灌輸到政治體系每一成員的思想中，形成他們的「政治性格」(political personality)。這種由早期學習經驗(learning experience)所培育出的基本政治態度和觀念，一經形成，便很難加以改變。

　　經過近年來許多歐美政治及社會學家的研究，發現一國之
是否能迅速現代化，與其政治文化有極大的關係。一個社會，
即使在表面上有現代政治體系的結構，若其基本政治文化仍為
傳統型，則其政治現代化的速度，便大為延緩。又有些政治學
家將各種政治體系比較研究的結果，發覺一體系成員對民主的
價值觀念信仰的程度，和該體系中民主制度是否能建立、延
續、發展，有很密切的關係。於是他們乃導致一項結論，即民
主（競爭性）的政治體系的能否建立與維持，除了要看一些經
濟的，教育的，與社會的客觀條件以外，還要看文化上主觀的
條件。

（資料來源：魏鏞，《雲五社會科學大辭典》，第三冊，頁 190-191）

㈠三種不同涵意（社會化）

　①心理學：人格受到所依附的文化與社會的影響及決定。

　②社會學：有兩個意義：

　　1. 角色學習的過程：學習各種角色以適應社會。決定了他的
　　　態度、動機、價值定向及人格模式。

　　2. 社會結構形成的過程：把社會模式內化到人格中。

　③人類學：除同社會學外，強調文化延續與變遷。

　以下是「政治社會化」的三種界說㈡～㈣

㈡格林斯坦(F. I. Greenstein)：

　①界說：個人透過社會生活從事政治學習的過程。不論政治學
　　習與非政治學習。只要影響政治行為，即算。

　②評斷：即影響為準，則不必區分政治與非政治學習。政治學
　　習不能產生政治行為影響，則不能稱「政治學習的過程，就

是政治社會化過程」。

　③改進界說：足以影響人的政治行為的一切學習過程，就是政治社會化的過程。

㈢藍敦(K. P. Langton)：「社會把政治文化從上一代傳遞到下一代的過程」。

政治文化：有政治態度、認知、評價。

缺點：太強調代間關係，忽略同輩、同時代等。

修正：社會如何形成政治文化的過程。

㈣ D. Easton 和丹尼斯(J. Dennis)：比前兩者佳。「個人獲取政治行為定向及模式發展之過程。

貳、政治社會化(political socialization)的類型

依三個標準，分六類

㈠依 political socialization 是否被人意識的標準：(L. W. Pye)：

顯性的政治社會化(manifest political socialization)：被人意識到。

隱性的政治社會化(latent political socialization)：潛藏在文化中，意識不到。力量大。

㈡依 political socialization 是否有計畫：

計劃的政治社會化(Planned political socialization)：由人設計，控制定向、目標。

非計劃政治社會化(unplanned political socialization)

㈢ D. Easton 和 J. Dennis：依 the socialized 和 the socializer 的關係為標準：

①代間的政治社會化(intergenerational political socialization)
（垂直的政治社會化）〔Vertical political socialization〕……
上代→下代。

②代內的政治社會化(intergenerational political socialization)
（平行的政治社會化）〔horizontal political socialization〕同
一代人。

035：論政治社會化之理論及研究途徑。

壹、政治社會化的理論

一切研究必有 theoretical interest：指研究結果，企圖能解釋甚麼現象，說明 what。

Easton 和 Dennis 把各種理論分三類：

① allocative theory：解釋民主社會中的價值分配。

② System-meintence theory：說明系統如何維持穩定。

③ System-persistence theory：說明系統穩定、變遷之原因。

易君博先生加以變動，分三類：

(一)第一類：行為論（自心理學發展來）

①列文(K. Lewin)：$\overset{\text{Behavior}}{\underset{\downarrow}{B}} = f(\overset{\text{people}}{\underset{\downarrow}{P}} \overset{\text{environment}}{\underset{\downarrow}{E}})$

意義：行為是人與環境互動關係之函數

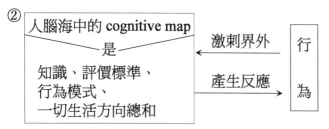

通則：生活過程的「先在經驗」$\xrightarrow[\text{決定}]{\text{預測}}$後現行為

③政治社會化過程 cognitive map→政治行為

行為論代表：F. I. Greenstein 和 M. H. Hyman

(二)第二類：功能論：學者有亞蒙(G. A. Almond)、塞格(R. Sigel)、埃格斯坦(H. Eckstein)。

範圍：局部與整體。解釋：系統穩定。

①何謂功能：

解：x 對 s 產生的整合作用和依存關係。

②政治社會化

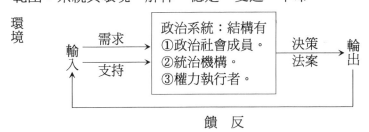

證明為真：功能論成立。

(三)第三類：系統論 D. Easton 和 J. Dennis

範圍：系統與環境。解釋：穩定→變遷→革命。

貳、政治社會化的研究途徑

途徑隨 political socialization 的涵義、類型、理論而異，此處從實證、廣泛著眼。

套用 H. D. Lasswell 為研究 political communicatio 時所選用的

一套（五個）問題，可凸顯 political socialization 的研途程。

㈠誰學習？

　　確立誰是被社會化者（客體的對象）：一切的個人。

　　抽樣要有深度、有廣度。

㈡向誰學習？

　　凡是以影響人的政治定向及政治人格的一切因素。都是學習的

　　對象（主體）。

㈢學習什麼？（內容）

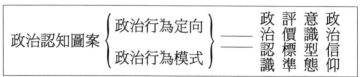

㈣學習情況（方式）

　　隱含、顯示；意識，不意識；計劃，非計劃。

㈤效果（要達到甚麼結果）

　　大、小；對系統產生正、負作用。

第九章　心理研究法、社會科學中的歷史解釋

036：心理研究法在政治分析中的重要性及運用狀態如何？

重要提示：

Plato 認為人性有三種成份：

「理性」：統治階級 ⎫

「勇氣」：輔助階級 ⎬ 理想國

「慾望」：生產階級 ⎭

壹、心理研究法在政治分析中的重要性

㈠凡是運用心理的概念，如人性、人格、動機、態度……或依心理學理論，如行為學派、完形學派、學習理論，去選擇有關政治現象之問題及材料，而從事系統研究。就是政治學中的心理研究法。

　　以下從四個政治層面研究法與心理研究法的關係㈡～㈤，探

討重要性：

㈡政府：「是一個特定社會制度及執行法律的一群人及一套機構
　　的組織體。」其組成政府最後單元是人及其行為，對人的行為
　　要加以分析，必然要強調心理條件，心理研究法乃不可避免。

㈢國家：M. Webber 的界說最有名：「是一個特殊的組織，它的
　　政府，在固定的領土範圍中，可以成功的要求合法使用物質力
　　量的獨佔。」

　　它蘊涵：人民、政府、領土、主權。

　　國家現象，追根制底，是人際關係中，表現命令與服從的心理
　　認同。脫離不了心理研究法。

㈣權力：人 ——————人際關係——————→ 人　　：心理狀態。
　　　　　　　　　　　支配現象
　　　（支配者）　　　　　　　　　　　（受支配者）

㈤決策：「政治即是政府制定政策的過程」。

　　政府的決策：是一種權威性的決策(authoritative decision-mak-
　　ing)有高度強制性，決策過程中，決策者的人格及價值取向，
　　為主要因素。

　　　小結：政治研究對象是人，心理研究法不可忽視。

貳、心理研究法在政治分析中的應用狀態。

循兩個途徑：

第一：⎧行為心理學派的運用⎫
　　　⎨完形心理學派的運用⎬運用在政治分析的狀態
　　　⎩分析心理學派的運用⎭

第二：$\left\{\begin{array}{l}個案分析(singlecase\ analysis)\\類型分析(typological\ analysis)\\總體分析(attregative\ analysis)\end{array}\right\}$分析政治現象的基本方式

分述如下：

(一)第一個途徑：心理學主要學派在政治分析中的狀態

　①行為心理學派：巴夫洛夫(I. P. Pavlov)及華生(J. W. Watson)為
　　代表。其基本假定：

一切行為來自：刺激　　　　　　————→　反應（行為） 　　　　　　　　（若條件控制）——→　（所要反應）

　　所謂「人格」：透過學習歷程，形成貫常的反應模式。

　②完形心理學派：衛特邁(M. Wertheimer)、柯夫卡(K. Koffka)、
　　柯勒(W. Kchlor)三人所創。

　　K. Lewin 發揚光大：B=f(P E)

　③分析心理學派

　　1. 前期：「佛洛依德學派」：肯定人性中的物我(id)、自我
　　　(ego)、超我(superego)之間的衝途。此一早期無意識過程，
　　　決定人格發展。Lasswell 就是用此分析「政治人」。

　　2. 後期：「新佛洛依德學派」：E. Fromm 代表。社會中即存
　　　價值標準或行為模式內化到人格中，決定了人格特性。例
　　　如疏離感(alienation)就是社會變遷造成。關於威權人格、
　　　政治冷感、政治文化均依：個人－社會而立論。

(二)第二個途徑：用心理研究法分析政治的基本方式：

　①個案分析方式：

　　以個別對像，在其生活歷史中足以影響他本人政治行為的因

素，加以全面調查，以了解他在政治行為上的定向及模式。

②類型分析方式：

政治人格變數太多，就一般的幾個心理因素加以強調，建立
類型。以協助觀察、分類、解釋。如 Lasswell 區分「煽動家
－行政家－理論家」

③總體分析方式：

基本假設：團體人格≠個別人的政治人格之總和。

如民族性研究。

小結：通常是三種互為運用。

─── 重要參考資料 ───

政治分析(Political Analysis)

「政治分析」是對政治現象的一套系統的研究與剖解。政
治分析之目的在求對政治政象之因果關係的了解。它不止在求
了解，且希望能對政治問題與行為作有效之判斷與預測。自古
迄今，政治學者對下列幾個問題始終在尋求可能之答案，如(一)
什麼是政治？(二)不同政治系統間之共相與異相為何？(三)政治系
統中權力與權威之角色為何？(四)什麼是政治人之特徵？(五)什麼
是不同政治系統之安定，變遷與革命的條件與原因？(六)什麼樣
的政治系統是最理想者？R. Dahl 說政治分析是科學也是藝術。
政治分析可以由純學術之探索中為之，也可以從實際政治之經
驗中體悟之。政治分析固然重事實之解剖，然政治分析不必是
「價值中性」的，亦即它是可以有價值判斷的。但事實之陳述

與價值之判斷必不可混淆，此是說客觀之事實描述不可與主觀之價值判斷夾纏一起，致將「實然」與「應然」二者視同一物。此一分別或係政治分析與政治哲學，政治倫理區別之所在。近三十年來，政治分析因行爲科學之興起，與分析工具（如抽樣調查、民意測驗、精神分析技術，内涵分析等）之發達，故政治分析有許多突破性之成就，傳統的冥思、臆測、「想當然」已爲量化、論證、「知其所以然」所取代。當然，在可見的未來，政治分析尚不能期望純料用量化之方式爲之，質的判斷仍將佔重要之地位。

　　政治分析之欲有意義，必須首先認同其問題，了解其「分析基元」、「分析層次」，並須認清理論與實際之間的關係，以及方法論上之其他諸問題（如變項之控制等）。

（資料來源：金耀基，《雲五社會科學大辭典》，第三冊，頁190）

037：政治人格研究與爭論。

壹、政治人格的研究

(一)

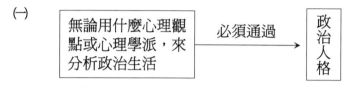

藍茵界說政治人格：

「對政治刺激在習慣上所掀起的一套持久的、有組織的、動力的反應組合」

㈡是 M. B. Smith「人格與政治的分析圖案」：

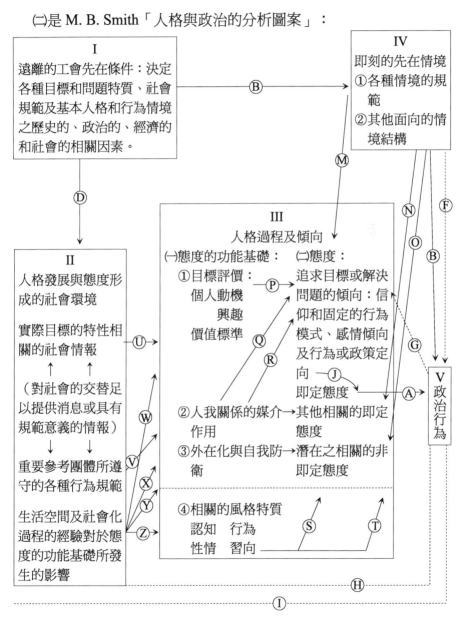

虛線：果→因　　　實線：因→果

貳、政治人格研究所爭論的問題

正反面都有問題：

㈠反對有政治人格的，F. I. Greenstein 歸納要者二種：

①懷疑個人或團體人格能決定政治現象行程。認為歷史（或政治社會）的發展與變遷，有客觀動力、非個人或團體能左右。

這是宿命論與意志論(determinism-voluntarism)之爭。

從玄學：不能解決。

從經驗事實：可以解釋。

②反對有政治人格：

政治行為之主體雖是人，而人格是社會環境決定。則直接從社會環境、情勢→推出→行為，不必去研究人格。

㈡肯定政治人格之必要：

困難在圖案中的態度、價值、信仰、自我防衛不能直接實證觀察。不僅這些是很主觀的，形成也很複雜。

目前改進：價值已能間接觀察實證。通過問卷法……，政治人格的科學實證已有可能。

結論：①心理研究法在政治學中已廣獲運用。

②心理研究法決定在政治人格是否有效研究。

038：申論歷史研究和社會研究的差別。

Karl R. popper 掀起歷史解釋之批判

壹、歷史研究與社會研究

㈠差異：目的、陳述不同：

歷史研究	社會研究
①目的：描述特定時空中的歷史事實和因果。	①目的：從各種不同時空搜集相同社會事實（含歷史），抽離特點，建立通則。
②從個別歷史事實的因果關聯去「重建過去」。	②從人類行為的觀察，去建立通則。
③注意特定時空，故著作都是單稱陳述(singular statement)	③強調普遍通則或定律，故著作中多全稱陳述(universal statement)

㈡相同點：①選擇有限的體裁。②社會生活和人類行為交互影響。

㈢從題材上的選擇，引出兩個問題：

　①選擇標準常是以理論為依據：如行為學派，並非把一切事實都拿來研究。所以，「事實」，是根據理論興起，對真實的一個特殊安排。

　②理論決定事實。但經驗理論又須依事實建立。誰先？如雞和蛋之循環，難解。

　　但較有可能：理論，先扮演假設的地位。

　　　　　　　有時，事實支持理論發展。

　　　　有時，事實否定即存理論。

　　沒有理論（或常識性通則）做依據，易「見馬不識馬」，陷
　於眾說紛擾。

㈣描述與解釋：（也是歷史研究、社會研究相同處）

　①只有描述，無解釋：是新聞報導或年鑑而已。有解釋，才是
　　歷史研究的主要步驟。

　②而解釋，要有理論，通則為先在條件，並檢查前提是否可驗
　　證，才不鑄成 pseudo explanation。

㈤社會研究與歷史研究相依處：

　①歷史研究依社會研究方面：歷史研究，在題材選擇和因果解
　　釋上，須依理論。但歷史研究並非以建立理論為目的。

　　即社會研究建立好理論，給歷史用。

　②社會研究依歷史研究方面：社會研究所建立之理論，有賴事
　　實支持，沒有事實便沒有理論。

　　即歷史事實（真相），用來支持社會理論。

貳、經驗科學中的解釋型模

㈠有別：

Interpretation in history	Explanation in history
①要了解整個歷史意義和價值，是歷史哲學之意。	①說明個別歷史事實間的因果關係。是經驗「解釋」。
②玄學的，全體論的歷史解釋。要批判的	②科學的，個體論歷史解釋。要發展的

㈡不論批判或發展，須先建立標準：經驗科學的解釋型模。分

低、高層次說明：

①低層次：常識看「解釋模型」：對已經發生的事件，尋找發生原因。尋找過程中有兩件要事：1.發生事件的先存條件。2.解釋所賴的「全稱假設」（即通則、定理……）。

②G. G. Hempel 及 P. Oppenheim 的「科學解釋型模」的一個高度抽象。

Logical deduction
$$
\left\{
\begin{array}{l}
C_1, C_2, \cdots\cdots Ck \text{ statement of} \\
\qquad \text{Antecedent conditions} \\
L_1, L_2, \cdots\cdots Lr \text{ General Laws}
\end{array}
\right\} \text{正確的解釋項}
$$
$$
\longrightarrow \left\{
\begin{array}{l}
E \text{ Description of the} \\
\quad \text{Empirical Phenomenon} \\
\quad \text{to be Explained}
\end{array}
\right\} \text{Explaindums 被解釋項}
$$

（注意：普遍定律並非）

說明：① C_1……須有經驗內容。

② L_1……須有經驗可證，是全稱假設（普遍定律）。

③ E……須是特定時空中經驗事物之描述。

④被解釋項必須是解釋項演繹出來的結果。

㈢前述模型差異

預測的型模	解釋的型模
已知因 ――全稱假設→ 未來果	已知果 ――全稱假設→ 因

相同：均賴因果普遍法則。

　　　使用同一定律（通則）。

　　　解釋力與預測力均成正比。

㈣社會科學也有解釋、預測，民意測驗與景氣經濟。但只是統計通則而已。要估量是否有效，要依型模重建 explains 和 explaindums。並依前頁①～⑤考察。

039：論歷史解釋的類型及其困難性和可能性。

壹、歷史解釋的類型及其批評

㈠從 Methodology 看，社會科學中的歷史解釋，分二大類：

　①全體論的歷史解釋(holistic interpretation of history)：

　　柏拉圖：型相論

　　亞里斯多德：目的論

　　波賴比亞斯(ploybius)：循環論

　　St. Angustine：天國論

　　⋮

　　唯心史觀(idealistic interpretation of history)

　　唯物史觀(materialistic interpretation of history)

　　形態史觀(morphological interpretation of history)

　　有機類比論(theories of organic analogy)

　②個體論的歷史解釋(Individunlistie explanation of history)

　　Democritus 及伊壁鳩魯的原子論；霍布斯、休謨的經驗論。

　　巴柏、F. A：Von Hayek 的批評學派。

㈡基本假設不同

全體論	個體論
①歷史是不可分的整體，有自律性，決定人類行程。	①歷史是人類行為產物，自身並無法則。
②了解歷史法則，才能解釋一切歷史現象。	②先了解人類行為，建立經驗通則，才能解釋歷史事實。

　再從三方面（㈢－㈤）解釋個體論、全體論的歷史解釋：

(三)歷史實體(Historical Reality)

全體論	個體論
①歷史實體是不可分的整體。	①是許多事件的總和。
②沒有人類之前，歷史精神已存在，人類行為是實現歷史精神的工具。	②是人類行為交互影響的結果。事件之間是否有因果關聯，只有通過因果法則，實證才知道。
③所謂「歷史精神」： 　1. 柏拉圖：是本體世界； 　2. 黑格爾：絕對理性； 　3. 有學者：即社會實體。 要認識全體，才能了解部份。	③批判全體論：具象概念具體化。 ④通過人的行為分析，才能了解歷史，與得到經驗知識。

(四)歷史法則(Historical Law)

全體論	個體論
①歷史法則是先驗的普遍法則(a priori universal law)它決定發展方向及其合理。	①推翻先驗的普遍法則。
②解釋一切社會或文化的發展。馬克斯認為是階很鬥爭，斯賓格列和湯恩比：每個文化都有週期性的生死律，非人力能左右。	②研究社會、文化，有效途徑，只有從實證系統觀察。 所謂「生死律」無從證明，與玄學無異。 經驗通則也只是個別歷史事實。

(五)歷史預測(Historical prediction)

全體論	個體論
建立先驗普遍法則來預測歷史發展：如聖奧古斯丁、馬克斯	歷史預測是神話，因： ①先在條件太多。 ②預測所用的全稱假設不能證明。

㈥歸納兩者不同

①企圖解釋的對象是社會或文化之整體。	①個別文化或社會事實。
②依憑的全稱假設是先檢的歷史法則。	②依憑的全稱假設是從個別事實歸納出的經驗通則。
③預測形式不可證明。	③預測形式可證明。

㈦用型模檢討全體論：

　　①被解釋項不合。

　　②解釋項不合。

　　③是神話。

㈧用型模檢討個體論。

　　合於型模。值得發展。

㈨結論：

　　①若歷史解釋祇想成為意識型態，以鼓舞民族精神，或革命情緒，則不必批評。

　　②若要發展科學解釋，個體論是方向。

　　③所謂文化週期性的「生死律」無從證明，也只是短期不能證明，但若從數百年或千年觀察，或許可證。

貳、科學的歷史解釋之困難性及可能性：

㈠歷史的獨特性：

　　①困難：歷史事實都是某一特定時空中的事件，具有獨特個性(unique individuality)，獨一無二，不能重現。便不能分類或歸納；即不能建立科學通則，便無從合乎解釋

模型。

②克服：仍可抽離某些特點，與其他歷史事實歸入一類。如同
　　　生物現象，同樣兩頭羊絕不可能一樣，仍能抽離特
　　　點，建立通則，只是精確度不如其他學科而已。

㈡歷史的延續性：

①困難：任何一個歷史事實，必與其以往的歷史事實之間有
　　　「無窮的聯鎖」。欲解釋某一事實，必牽涉許多事
　　　實。

②克服：其實是兩個誤解（錯誤的假設）所造成：

　甲：以為一切解釋必須追溯到最後原因。其實不要。其他
　　　學科亦然。

　乙：以為除非知道一切，便不可能有真知。其實不要。
　　　「知」沒有最後，亦沒有全部，其他學科亦然。

　　　祇須依一個「果」，憑可證的全稱假設，找到直接的
　　　「因」，便是成功的解釋。

㈢歷史解釋與價值：

　歷史：充滿價值色彩。

　科學：求事實，不管價值。

　克服：現代社會科學，價值正從玄學的領域搬到科學。途徑：
　　　是先給價值一個運作界說，再通此一界說的運作指標(operational indices)，間接觀察與驗證。

　　　有可能推翻「科學只問事實，不問價值」的古典信條。

㈣歷史解釋的客觀性：

①困難：一切研究要避免主觀願望介入，保持客觀已是公認須
　　　要把握的信條。但歷史是人的行為，人一出生便又受

到相當的「內化」「社會化」，一切研究不可能真空中進行。客觀亦難。

②克服：題材選擇：理論為基，提高客觀標準。

事實解釋：設立型模，避免主觀。

結論：①歷史和社會研究相互依存。

②均屬經驗範圍，使用模型，才是真解釋。

③棄全體論，發展個體論。

④科學的歷史解釋有困難，但能克服。

── 重要參考資料 ──

價值陳述(Normative Statement)

「價值陳述」係指陳述中含有價值判斷之意，其相對詞為 deseriptive statement，即陳述中只講事實，只講「是不是」，不談「應不應」。倫理學、哲學常是價值之學，即其陳述多作者價值性之論斷。

科學中應否允許有價值陳述是一聚訟紛紜，迄今未休的題目。有些學者，特別是科學實證主義者，強調科學（不論自然科學或社會科學）只講事實，不談價值，以為一落價值，便非科學。故科學必為「價值中性」之學。質言之，科學只研究事象之因果律。此在政治行為派中亦多有作如是觀者。但另一些學者則以為社會科學與自然科學不同，社會科學者欲超乎或絕對避免價值乃係幻想。蓋研究者是人，人則有價值、目的、偏好、在研究過程中，價值常常自覺與不自覺地進入研究者心靈之中。事實上，在社會科學之研究過程中，研究者本身即係研究對象之一部份，亦即他本身必是一參與者，而非能絕對自外

於研究對象者。此即社會學家 C. H. Cooley 認爲社會科學之研究需要所謂之「同情的內察」。故而，絕對客觀事實之發現乃不可企及者。再則，他們以爲社會科學者對於價值非惟不能避免，亦且不應免，因社會科學者之目的亦不止在描述世界，且在改善世界也。從而，此一爭論不止係一是否價值中性之科學爲「可能」之問題，並且係一是否價值中性之科學爲「可欲」之問題。

　　一般相信，科學之最終目的如係尋求眞理，則客觀性乃必不可少者，亦即必需能彰顯事實之眞相，縱或如 W. James 所說：「事實非生而自由與平等」，而必須賦之於價值與比重者。但研究者任何陳述至少應自覺到何者爲「事實之陳述」，何者爲「價值之陳述」，方不致自欺欺人。H. S. Hughes 主張社會科學者在其著作中，應開示明義，公開陳明其個人之價值觀念。社會科學者對於價值之態度，恐不在避免，而在釐清，而其最終目的當在探求普遍性之價值。

　　（資料來源：金耀基，《雲五社會科學大辭典》，第三冊，頁 369）

第十章　政治權力功能論、Epictetus 政治思想

040：論羅素論政治權力之必須。

(Bertrand Arthur William Russell，1872-1970)

壹、政治權力之必需

㈠「政治權力」：

是在一塊固定的領土上，合法使用強制性力量之獨佔(the monopoly of the legitimate use of coercive force)

㈡歷來對政治權力是否必需，有兩派爭論：

　① Anarchist：如英國 W. Godwin、法國 J. Proudon 和 C. Fourier、俄國 P. Kropotkin：

　　政治權力是人類不幸之源。

　② Absolute despotists：如 G. W. F. Hegal 的絕對精神，J. Bodin 的絕對權力。

　　政治權力就是文明生活之目的，服從它才得到自由。

㈢ Russell 對 Anarchism 和 Despotism 的批判：

安娜奇是幻想，且混亂、恐怖、文明斷喪。

專制主義是神話，抹煞人的價值。

Russell認政治權力不是「要不要」的問題，而是要什麼類型或程度的問題。政治權力的出發點在：

①安全(security)：個人生命財產，免除內外恐懼壓迫。

②公正(justice)：經濟、政治上的平等。

③保持(conservation)：精神文明、自然資源保存。

㈣曼漢門(K. Mannheim)把政治權力分兩類：

①功能性權力(functional power)：僅是工具價值 ___更高目的___→ 達到個人或團體幸福，而得到合法性(legitimation)。

②專斷性權力(arbitrary power)：是一種固有價值(intrinsic value)，權力自身就是目的。統治階級高於一切。

㈤ Russell 的論點：

國家、政府、制度都只是手段 ___另有目的___→ 個人幸福。權力是必需的，各國視其國情、文化等狀況安排。

貳、從人性觀點分析政治權力之必需

㈠古來對人性不同觀點，政治權力亦不同：

① P. Kropotkin：絕對善，政治權力敗壞人的情操，要全部取消。

②馬基維利、霍布斯：絕對惡。故要政治權力來統治。

㈡ Rusell 對人性觀點：

①人皆愛好權力，並有三類：

1.命令型：正面表示愛好權力。

　　2. 服從型：反面表現愛好權力，被領導。

　　3. 隱遁型：自命清高隱居，仍盼望有人三顧。

　②人性衝動分兩類：

　　1. 佔有的衝動(possessive impulse)：如權力獨佔。

　　2. 創造的衝動(creative impulse)：如創造發明。

　③人的情緒分二種：

　　1. 褊狹的情緒(repressive emotions)：殘忍、嫉妒→戰爭。

　　2. 豁達的情緒(expansive emotions)：仁慈、善意→進步。

㈢佔有的衝動，褊狹的情緒，要有合法性的限制，使無機會成為暴君。（指使用合法的政治權力，非暴力）反之，則需要鼓勵、發展。

　政治權力要民主化，使人人平等獲得。

參、從個人自由觀點看政治權力之必需

㈠社會凝聚(social cohesion)太重，自由太少，社會停滯僵化；只顧個人創造(individual initiative)造成混亂。兩者要折衷。其二者並不相反，社會組織是創設自由必要條件。某種形式的權力，對個人自由有積極作用。

㈡羅素所謂自由：有情慾的解放，疏導。社會組織不單要為自由安排一個外在的法律秩序，還要計劃個人人格的內在與社會互動關係。

㈢強調權力的分類(zoning power)，才合功能性權力之原則。

肆、從世界和平觀點看政治權力之必需：

㈠提倡 World government、world state、world federation、international government。意相同：把主權放在一個世界性的組織之上。這個政府獨佔一切戰爭所須的武器。

㈡人所組成的國家有掠奪之本能(predatory instinct)，國際政府要組成國際警察。即把政治權力用在世界組織上得到器用化(implementation)。世界和平才有可能。

㈢希特勒、共產主義 $\xrightarrow{\text{目的}}$ 專斷性權力。

　羅素、羅斯福、威爾遜 $\xrightarrow[\text{手　段}]{\text{功能性權力}}$ 目的→和平。

㈣從原始人類社會可以到證明，要和平，必須在它們之上建立新的主權，納入法律秩序內：

原始社會的四等級

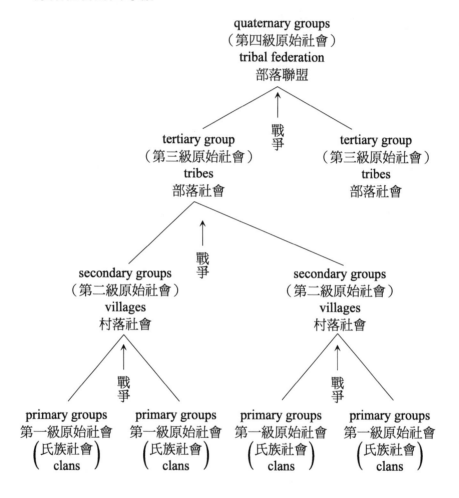

㈤世界和平途徑：

也要建立最後、最高的政治權力。

041：論功能性權力的社會條件。

　　Russell 認為實際社會生活中，政治權力有三類：

①傳統的權力(traditional power)：傳統信仰支持合法性。

②赤裸的權力(naked power)：全靠專制恐怖統治。

③革命的權力(revolution power)：在傳統權力動搖之際。

　　通常一個政權要三者併行。但要保證政治權力不會淪入專斷性權力，須有社會條件配合。有四：

㈠制度條件：

　①依民主原則分配權力：如分權制、多黨制。

　②世界政府 ＿逐級分權→ 鄉鎮議會。

　③少數和個人自由權也要保護。

㈡經濟條件：

　①在民主原則內，政治權力必須控制經濟權力。

　②適度經濟計劃，而把控制權交給各經濟團體，有如基爾特社會主義(guild socialism)。

㈢宣傳條件：

　①公開、公正的輿論自由，是民主政治的基本精神，但輿論仍須在法律約束之內。

　②同一份報紙，把各版面分配給各政黨使用，這是一個理想。

㈣心理條件：

　①培養民主氣質的國民：非奴才也非叛徒。

　　在教育上採用自由精神，避免狂熱、獨斷、教條。並包含懷疑精神，即是哲學的相對論(philosophical relativism)。

②避免「威權人格」(authoritarian personality)：如焦慮、恐懼、壓迫、虐待的形成。避免絕對主義(absolutism)。

結論：

Russell 政治哲學中的基本概念

他是新實在論者(neo-realist)。

也是人文主義者(humanist)。

他的政治哲學有三個基本概念：

㈠權力與價值的相互依存：交互影響，互為因果。

㈡相對主義：真理只可逼近(approximation)，真理與價值亦隨時空換轉。

㈢均衡原則，這是一種理論模式。

── 補充資料 ──

壹、權力的概念

　㈠權力：是關係的概念(relational concept)

　　甲對乙有權力。

　㈡要把權力視為行為概念的理由（即為何採取行為主義途徑來研究政治權力的理由）：

　　①權力是活動之一種，包含控制或影響：

　　　1.「擁有」（如土地、人口、軍事）就是行為。算是權力。

　　　2.若「擁有」，但沒有影響他人之意志，不算是權力。

　　②科學量化－測量(measurement)的完成。

　㈢從行為概念，界定「權力」之定義：

　　「政治行動者照自己的意思影響他人行為的一種行為」。

　　而且是對等關係(symmetrical relation)，絕無單向關係。

㈣進一步提出權力的類型：

　第一類：

　　武力(force)：物理活動，即看得見的一切資源。

　　支配(domination)：明示要別人怎麼做。

　　操縱(manipulation)：要影響別人，而不明示。

　第二類：

　　權威(authority)：服從合法的領袖，無須使用權力，自然服
　　　　　　　　　　　從。

　　操縱(manipulation)：（同前），使人受控，而不自知。

　　影響(influence)：透過受人尊敬，而左右了別人。

貳、權力的比較與測量

㈠比較：

　只能做相對比較，不可能有相同單位：

　　印度之迫使葡萄牙撤出戈亞(Goa)　╮就此事，
　　美國之迫使蘇俄撤出古巴　　　　 ╯印度與美國權力大。

㈡測量：

　使用統計定律（即機會陳述）

　── 重要參考資料 ──

合法性(Legitimacy)

　　「合法性」是政治上有效統治的必要基礎。這是治者與被
治者間一種共認的理則或信念。統治之實，難免涉及權力，但
統治不能純靠權力，否則不但少功，且難服眾。權力必須經由

合法性之過程，始能成爲權威(authority)，權威之治，力少而效宏，方是統治之正途，合法性不即是法律性(leglity)。合法性可以基於一種宗教之信仰系統（如歐洲中古之君權神授說、中國之承命於天說）；可以基於一種傳流之習俗（如父歿子繼、兄終弟及）；可以基於某種政治之原理（如盧梭之社會契約、馬克斯之無產階級專政），也可以基於一種理性的法律程序（如美國四年一度之大選）。一言之，合法性之對則爲僭套，爲政變，爲赤裸之權力行爲。凡不具有法性之統治，必難取得被治者普遍之同意與信託，而難長久。故非依合法性原則僭居統治之地位者，爲求其統治之安穩與有效，常需披戴合法性之外衣，如古之權奸挾天子以令諸侯，今之極權政府僞行選舉以符民主是。

　　合法性有其時空性，非之我四海而皆準，亦非千古不易。就空間性言，某一政府可以爲甲國認爲合法，亦可以爲乙國認爲不合法。就時間性言，某一政府，可以在甲時代被認爲合法，亦可以在乙時代被認爲不合法。合法性之改變表現之於革命者最爲顯著。革命不同於篡弒或政變等，它是一種從基本上推翻既存之舊的合法性原則，而另建新的合法性原則之一種運動。如孫中山先生之推翻滿清帝國，肇建民主共和是。

　　統治者之合法性之取得主要固依賴內部被治者之同意；有時也需靠外部社群之認可，如其他國家之外交承認，超國家組織之合法承認（如聯合國之給予會員身分）。

　　合法性之觀念，自古有之，亦爲歷代思想家屬筆運思之焦點。唯現代政治分析之重合法性觀念，則源於德國社會學家Max Weber之闡釋張揚。Weber之重合法性之多元性，並分合

法性為三理型：即 traditional legitimacy, rational legitimacy, charismatic legitimacy，被公認為對社會科學之重大貢獻。唯合法性一觀念，涉及社群行為之全體，此一觀念之普遍性之邏輯問題，以及其在理論與實際中所發生衝突之倫理問題，皆有待進一步之研究。

（資料來源：金耀基，《雲五社會科學大辭典》，第三冊，頁 106）

042：論 Epictetus 政治思想及其背景。

背景提示：

芝諾 ——————→ Stoicism：
(Zeno of citium, 336-267. B. C.)

孫嘉納(Seneca Annaeus，3-65 A. D.)；名臣。
Epictetus(50-120，A. D.)：奴隸。
馬嘉斯(Marcus Aurelius Antoninus，
121-180 A. D.)：皇帝。

壹、思想背景

從三方面討論 Epictetus 的思想背景：

① 思想環境：

1. 約 B. C, 400 亞歷山大帝國建立，城邦瓦解，是思想上的頹勢時代。Ptato 和 Aristotale 思想已失去信仰。此時有三大學派填補思想真空：

懷疑派(skepticism)
伊壁鳩魯派(Epicureanism)　　約 B. C. 300~A. D. 200
斯多亞派(stoicism)

2. 上三派以 Stoicism 為當時思想界的領導地位，原因：它創造了自然法的觀念和世界理性的觀念(motion of natural law 或 motion of world-reason)用來解釋萬事萬物的發展來源。思想上屬「形上的一元論」(metaphysical monism)。

② 社會環境：

1. 有尼綠(Nero)和多米賢(Domitian)的暴君統治。

2. 極少數統治階級，掌握了絕大多數財富，餘非奴隸即貧民。

3. Epictetus 反抗方式：建造精神境界，尋求解脫。並用自然法

來改造世界，並詮釋世界觀。

③個人環境：

1. Epictetus 約 A. D. 50 出生在小亞細亞的佛尼基亞(Phrygia)，曾在羅馬皇室做奴隸。主人送他上學。

2. A. D. 89 被暴君 Domitian 逐出羅馬。是有名的 philosopher-slave（奴隸哲學家）。

貳、自然法與社會生活

㈠「自然法」觀念

是指自然秩序、演化(evolution)和生長(growth)的過程。它是世界的生命或自然的秩序，自然本身是一整體，人及萬物都是此一整體的衍生物。

自然法是支配宇宙的原則和動力，它是決定一切之法(all determining law)，有其必然性和普遍性的統治一切，不許例外(admitting of no exception)。

㈡自然法支配宇宙、社會發展，有二個屬性：

① pronoia：有先知或遠見之意(providence or foreseeing)。

②無所不包的整一性(homonoia or Concordia)，要求心靈的聯合(union of hearts)和精神的統一(being of one mind together)。

順自然法則：善。

逆自然法則：惡。

㈢人性中的三種成份（三個層次）

①慾望(desire)：自然下的產物，並非罪惡，但要服從理性指導，才能昇華。

②追求(pursuit)：助人達到趨利避害的途徑。

③領悟(assent)：最可貴的品質，達到自然的途徑。

㈣宇宙無所不包的本質：

　①自然、社會、人，三者和諧統一。奴隸制度違反自然法，是
　　一種罪惡。

　②人應向宇宙學習包容的精神。人人包容，趨向完美。

> 註：宇宙無所不包，包含罪惡，對罪惡的存在，stoicism 解：
> 第一：消極解釋：否認罪惡存在，凡人所見的罪惡是虛幻。
> 第二：積極的解：在自然過程中，惡是一種手段，它為了實現
> 　　　善，準備善來征服它而存在。Epictetus 屬第二者。

　小結：人要皈依自立，才能建立自由、平等、容忍的世界。

參、自由觀念及其實現

㈠早期 Plato 和 Aristotle 並不是自由、平等思想。到 Stoicism 才
　創「人類皆兄弟」(the human brotherhood)。

㈡自由與奴役是相對觀念，了解自由，先知道奴役之形成：

　①暴君之奴役人，在於人對他有懼怕（生殺），有慾望（利
　　祿）的心理。

　②金錢、美人、頭銜、地位之奴役人同理。

　　奴役之形態不同，本質則同。故奴役之形成，不在外界，而
　　在人的內心，若能擺脫，則不為所役。

(三)自由的達到：

> 自我控制(self-control)。
> 自我衝動的克服(overcoming of one's own impulses)。
> （不是放縱或佔有，是要克服慾望，擺脫慾望）

內在自由
inner liberty

　不論帝王將相奴隸，這是自由←→奴隸的標準。

(四)此種定義下的自由能否達到？各家不同：

①能：孔子，「七十而從心所欲不逾矩」。

②瞬間能，久不能：叔本華(A. Schopenhauer)，在沉思審美中 (esthetic contemplation)能瞬間擺脫，但人永遠在慾望的驅使下掙扎。直到死。

③ Epictetus 能：「以理化情」→內在自由。

(五)有限生命如何認識無限宇宙？

①自然法統一了萬事萬物。

②人，徹底了解自然法→認識萬事萬物。故，人要順應，服從自然法→自由最高境界→「天人合一」（似中國者）。

(六)實現自由過程有三步驟：

①透過教育來啟發自我理性。

②用自我理性來了解客觀的自然法。

③自我完全服從宇宙理性→天人合一。

(七) Epictetus 自由觀在政治哲學上的意義：

①自由是人為的努力：「自我克服」、「不懼不惑」。

②自由的實現，在擺脫一切可能奴役的基本原因，同人文主義個體論、民主主義。

③一切的人，都能實現意志自由，自然法之前人人平等。

043：Epictetus 的容忍態度、國家理想及其評價。

壹、容忍(toleration)

(一) Epictetus 的容忍態度有三方面意義：

　①哲學上的：

　　人和宇宙關係分 $\begin{cases} 個人意志可支配「內在世界」 \\ 不能支配「外在世界」－要容忍。 \end{cases}$

　　世界和平，個人寧靜，才能實現。

　②倫理上的：

　　人在自然法則之前均為平等，亦為宇宙之一部份，故須包容別人。

　③知識上的：

　　「善惡難辨，福禍無常」，故須多方保留，不走極端。是知識上的難能性。

(二)容忍「外在世界」的另兩種方式：

　①淡漠(indifference or apathy)：遠離不可支配的外在世界。

　②棄捨(renunciation)：放棄「外在世界」的一切慾念。

　　消極效果：與世無爭。

　　積極效果：無所不容。

(三)不同：

$\begin{cases} \text{Epictetus 的淡漠、棄捨、容忍→自由、平等的世界國家。} \\ \text{無為主義（或稱寂靜主義 Quietism）→權力應受自然法限制。} \\ \text{無政府主義：政府是惡，要消滅。} \end{cases}$

貳、世界國家的理想與實現

㈠ Plato 和 Aristotale 仍有嚴重的種族偏見，不道德。但亞氏的學生，亞歷山大則更有天下一家的觀念。

㈡亞歷山大之後，stoicism 有系統的發揮了「人類皆兄弟」(the botherhood of men)的理想。並提出世界國家(cosmopolis)的政治哲學。從以下來描述「世界國家」。

㈢世界國家的性質：

它是宇宙理性的延伸，或另一種表現。國家的目的，不在國家本身，亦非人民幸福，亦非君主權力，而是在實現客觀存在的宇宙理性。國家之上另有高於國家的「天道」。

㈣世界國家構成的份子：

有 $\begin{cases} 人：（各種人一律平等） \\ 神：（完美的自然精神） \end{cases}$ 是徹底的平等論。

㈤世界國家的憲法：法 $\underrightarrow{統治} \begin{cases} 人 \\ 神（絕對神和諸神） \end{cases}$

法律有二種 $\begin{cases} 個別城市國家的法律：依習慣而訂。 \\ 世界國家的法律：依理性而訂，在適用上具有普遍性（即憲法）。 \end{cases}$

㈥世界國家的實現：

教育 → 理性 → 認識自然法 → 統一。

參、思想的影響及評價

㈠對西方文明發展過程之影響：

㈡對後世思想家的影響，如：

斯賓洛莎(B. Spinoza)的科學理性主義(scientific rationalism)、康德(I. Kant)的倫理學。

李卜曼(W. Lippmann)的理性人文主義(rational humanism)

㈢對現實政治之影響：

不少要人是信徒，如馬嘉斯、孫佳納。羅馬的國內法(Jus Civile)、萬民法(Jus Gentium)、神律(Jus Divinum)均受自然法影響。

㈣從現在實證科學批判 stoicism

①宇宙本身未必是有意志、有目的的有機體。

②宇宙理性或自然法的普遍性和必然性　有矛盾　個人絕對自由。

③禁慾主義(asceticism)違反人性，社會、國家應建立在人性之上。

㈤是重要評價：Epictetus 可貴原則

全體主義－宇宙理性、自然法、普遍性

個體主義－個人自由意去絕對性、認識宇宙

解釋了古今大問題。

可以調合、合一

第十一章　個體論心理研究法、
　　　　　意向研究法、角色理論

044：申論個體論心理研究法中的幾種理論。

重要提示：

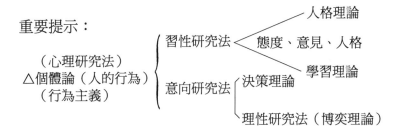

壹、習性研究法

㈠直到 1908 英國華里斯(Graham Wallas)駁斥政治分析中的理性主義(rationalism)和主知主義(intellectualism)：強調人大部份的活動都是無意識或半意識的。

㈡習性的定義：

①特定情境下以某個方式反應的傾向。

②不知覺中與其他政治現象發生關係的心理特徵或因素。

　以上都透過行為來觀察才能界定。

㈢五個重要的習性概念：

概　念	界　定	比較說明
意見	個人對若干特殊情境的一般問題，所作隱含的口頭反應或答覆。	範圍小，不持久。如對農產品價格的意見。
態度(Attitude)	先存傾向，並對某方面評定好惡，贊成或反對。	許多意見的表現。範圍較廣，較穩定持久。
Ideology	①許多態度的集合。②超態度(super-attitude)。	把幾個態度串聯起來。
價值	關於善惡、是非、渴望或可欲的陳述。	不如 attitude 明確。
信仰	認知加上可靠感。	有真、有偽。

貳、學習理論

用「社會化」概念最能解釋習性的形成。是習性模型中最有希望的一個。

㈠何謂學習理論

拉拍波爾(Anatol Rapaport)界定「學習」：「行為模式的選擇性累積」(Selective accumulation of behavior patterns)

累積：是學習者從過程中學到前所不知的事情。

行為模式：是學習內容。

㈡學習理論分兩派：即說明刺激與反應聯結的方式有二：

①第一派：關聯論(association theory)

人從觀察或經歷各種不同關聯 ──→學到東西。

如 ｜「父母認同民主黨」｜ ──子女自己觀察──→ ｜成了習慣性的也認同民主黨。｜

②第二派：增強論(reinforcement theory)

觀察不同經歷、關聯　增強（如獎懲）　學到東西。

如 父母認同 D ──子女觀察──→ 父母鼓勵 ──→ 子女更認同 D

㈢學習理論的運用

①當做啟發式的設計。

②當做解釋性的政治理論：政治社會化。

例：政府 ──提出學習刺激──→ 國民　　←──反應── 國民

參、人格理論

㈠人格：是社會產物，完全孤立的人不可能有人格。是更深一層的習性。

㈡人格理論發展傳統和其習性研究法不同：

①習性：是和行為主義或純行為論關係密切。

②人格理論：來自佛洛依德學說和心理分析。

政治行為是由根深蒂固的特質造成，其成於幼年。並有一基本假定：基本需要(need)或驅力(drive)是人格發展的原動力。

如 Freuit：性驅力(sex drive)

㈢Lasswell 著作代表的理論：

① 1930：政治行為是以公共標的來代替人格本身，使人格的活動合理化的結果：例：

幼年痛恨權威的父親 ──投射──→ 明顯的公共標的（痛恨權威）

（政府上）

②其後更精密著作「威權人格」：威權主義測驗。

$\dfrac{各型政治行為}{F 量表(F-scale)}$：可證明人格對法西斯型的影響。

肆、團體習性

㈠基本原則：所有團體特徵，都能化約成個人層次的特徵，故仍重視團體習性。

㈡層次、範圍最廣的習性概念：國民性：說法有二：

①「是一套價值和其他的人格特質，分布於組成社會的『個人』身上。」支持者較多。

②不能化約的。國民性是單一人格－「國家」有一套習性獨立於其國民之外。

045：申論意向研究法（決策、理性和博奕理論）。

壹、意向研究法

㈠布朗(Robert Brown)分動機(Motive)三類（習性、意向均有）：
意向動機、驅迫動機（先天性的）、習性動機。

㈡布勒克(H. W. Bruck)等人分動機兩類：

①意向的稱「"目的"動機」("in order to" motive)→未來事態。

②習性的稱「"原因"動機」("because of" motives)→以前因素。

㈢意向行為都是針對目標而發的(good-directed)。

㈣意向研究法之運用：

①似乎更能解釋、分析政治現象。但要發展出解釋力和預測力須注意限制。

②有些不能用意向解釋：如：

1. 有意向，但可能未行動。

2. 有行動，未必實行，即未必達目標。

3. 本意－結果可能不同。

4. 有些是不自覺的習性所造成。

貳、決策理論

意向研究法最標準的模型

㈠決策者(decision-maker)是政治分析基本單元。

　　所謂「決策」：是判斷如何在即定的場合達到特定目標。

㈡決策→有意的追求目標。

　　　→環境因素的考量。（餘同第七章）

參、理性研究法

　　特殊的意向行為。

　　基本假設：採取政治行動的人，定理性的。

㈠理性的概念：

　　①界定：Robert Dahl：假設目標與實體世界不變，則任何行動
　　　只要計劃正確，有助達到目標，這個行動便是理性的。

　　②界定：經濟學家但斯(Anthony Downs)：有效地追求目標。

　　　用一定的輸入獲得最多的輸出；或用最少輸入獲得一定輸
　　出。

㈡理性的特徵（也是界說）：

　　①吉卜森(Quentin Gibson)：講求證據的行為。

　　②用最好方法達到即定目標。

㈢表現在政治方面的理性有兩種概念：

　　①政治目的：計劃達到的理性行動。

　　②政治行動：對任何目的採取的理性行動。

㈣若主張「目的」的理性，就是設定了一個「善」或「至善」的
　目標，進入規範性政治哲學的領域。如摩根索(Hans J. Morgen-
　than)的國家利益論：理性的→合道德。保護本國利益是理性
　的、合乎善，合乎道德。

　　但政治學領域：理性模型、理性研究適於達到特定目的之方

法。

㈤理性研究法的運用方式：

　　①解釋力有限，但做為科學發現提示設計、用處大些。

　　②測量行為的焦點或標準：「鎖去法」(zero-sum method)。

㈥運用理性要注意兩個概念：通則、證據。

肆、博奕理論(Game Theory)最進步的理性模型

㈠薛林(Thomas Schelling)界定：正式研究參與競賽者，對於自己
　　和其他競賽者的抉擇，所能有之理性的，一貫的預期學問。

㈡假定：在競賽(game)的場合裡，參與者或決策者都設法盡量增
　　加自己收益，減少自己損失。即：從這場比賽中，盡量得利。

㈢ Game Theory 的要素：

　　①參與者(players 或 participants)

　　②目標(goals)

　　③本錢(resources)

　　④策略(strategy)：「損失小，收益大」的計劃。

　　⑤得失(pay off)：能用數字表示的輸贏（價值）。

　　⑥規則(rules)：在公平的環境中。

㈣有些競賽並非博奕理論，及其原因：

　　①技巧的競賽(games of skill)：只計專技，機會不均。

　　②機會的遊戲(games of chance)：全由機會，不能控制。

㈤ game theory 的類型：

　　①兩人制互銷性競賽(Two-person zero-Sum game)。

　　　最簡單的一型。全贏或全輸(all-or-nothing)。

　　甲贏 50 元，乙就得輸 50 元。如兩人競選。

②兩人制非互銷性競賽(Two-person nonzero-sum game)。

雙方輸贏不互銷，甚至各有所得。如兩國談判。

③多人制非互銷性競賽(n-person nonzero-sum game)。

㈥ game theory 的運用：

①施乃德(snyder)反對用 game theory 解釋政治現象：因尚未發展完全。

政治學家尚沒有能力運用數字發明的精密模型。

②萊可(William Riker)假設的「規模原理」(size principle)：多人制、單方得到報酬的互銷性競賽的社會場合裡，參與人會聯合起來，擴大模規，直到他們相信能贏為止。

046：論角色理論。

壹、重要提示

㈠角色理論主張：

行為者或許具有某種特別人格、意見、態度，但當他扮演某一種角色，此一角色乃決定了他的行為。

㈡角色理論的特色：

①想把政治活動放在社會系絡裡研究。

②能用行為描述制度。

貳、角色理論的性質

㈠不同的身份，就會有不同的行為模式。這是大家對他產生角色的期望。

㈡對角色的期望（角色行為所受的影響力），來自兩方面：

①局外人(outsiders)：即社會上某些存在的觀念，如公民、各團體、官員、法律、輿論、文化。

②局內人(insiders)：角色自己對自己角色的期望。

㈢角色常是形成「角色網」(role network)，議員是民意代表、同事、部屬……的複雜關係。（即會藉重疊現象），故角色研究法提示：

1. 研究某一角色時，要略去其他角色，使情境簡化。

2. 許多明顯的角色，是若干次級角色所構成。

同時也說明有：角色衝突存在。

參、角色理論的運用

最大用途：解釋、預測政治行為

㈠從行為角度分析制度的架構：

　　據角色論，制度即非個人組成的團體，亦非一成不變的結構，而是相關一組角色系統。由此可發現立法院制度是動態過程(dymamic process)

㈡提示出研究「政治甄補」(political recruitment)的研究法。

參考資料

政治地位或角色(Political Role)

　　地位或角色(role)本為在社會學，社會心理學，及人類學上加以不同使用之一名詞。自社會學派的政治學盛行之後，political role 一詞遂于政治學書籍上屢見之。其含義如就社會上所謂 status 地位言，乃指就居于政治上某種地位所屬之權利與義務範圍內所表現之活動。換而言之，履行其在政治上之權利與義務之活動是也。此乃 R. Linton 於其一九三六年出版之 The Study of Man 一書內，對于 political role 政治地位所下之定義。如就社會心理學上所謂(role)角色言，乃指政治上居于某一地位之人物，如何表現其自己，或其與他人接觸時，如何發生相互影響作用。此種使用法，最初見于 G. H. Mead 於一九〇〇年初期在芝加哥大學所作之講演中，旋於一九三〇年，由 C.W. Morris 將其內容編為 Mind, Self, Society 一書出版。一九五四年 T. R. Sarbin 復于 Handbook of Social Psychology 中，著有 Role Theory。Sarbin 為 role 立一定義：某人在某一交互作用的環境下所表現之一套活動與事蹟。是以依以上之各家解釋，如舉 The Political Role of American President 一詞為例，吾人可譯之為美國總統之政治地位或美國總統所扮演之政治角色。

（資料來源：王世憲，《雲五社會科學大辭典》，第三冊，頁 191）

附件一：政治學方法論簡表

政治學方法論第一部份

主題	第一派： 政治學「不能」成為科學的理由	第二派： 政治學能成為科學理由
說 明	①是描述形像（ideographic 即表意的）的科學：學者：溫特彭(Wilhelm Windelband)、烈克(Heinrich Rickert)。都是德國哲學家。 ②依利約(William Y. Elliott, 1929)：是規範性的(normative)。 ③梅遜(A. T. Mason, 1935)：是藝術的。 ④無法用自然科學的研究法： 　1. 不能實驗。 　2. 不能量化。 　3. 複雜，不能解釋。 　4. 資料得取不易。 ⑤不能預測。 Alan C. Isaak 意見： ①普遍因果律不能建立。 ②經驗基礎不足： 　　觀察 　　交互主觀　}均不易 　　價值免除 ③系統：概念→理論 }不夠 　　　　解釋→預測	①對第一派的反駁：經驗科學三階段：簡單描述→相關分析→通則建立。各學科程度不同。 ②第一派問題之形成：David Easton, 1953：重問題、輕理論。 基氏(V. O. Key. Jr.), 1958：重實用，輕通則。 ③規範性的－價值的商榷： 　1. 太重事實－價值的對立。 　2. 目前價值已走入事實判斷領域。 ④科學與藝術有分野：某種靈感而發現定律： 　藝術：靈感－發現。 　科學：驗證。 ⑤自然科學方法也可運用： 　1. 實驗放寬－準實驗。 　2. 量化－快被接受。 　3. 複雜－電腦代勞。 　4. 資料獲取－程度而已。 ⑥精確度：程度而已。
	小結：不能	能

主題	問題一： 政治研究應不應該價值中立？	問題二： 政治研究能否價值中立？
說 明	①邏輯實證論觀點： 陳述要 $\left\{\begin{array}{l}經驗上的可證性\\邏輯上的可證性\end{array}\right\}$ 才有意義 ②事實與價值有區別 | 事實	價值
---	---
有標準	無
有工具可認識	無
易學	難
與環境有關	不一定
爭論多而久	少而暫 | ③行政政治學者主張要中立 　1. 事實：事物存在之狀態。 　　價值：沒有事實成份。 　2. 過程的中立： 　　事實陳述：對研究結果。 　　價值陳述：人道立場。 ④該中立：學術和現實考慮： 　1. 無偏見，才有真知。 　2. 中立，才不淪為私利。 ⑤人文政治學者：不應中立 　1. 政治學目的看→治國平天下。 　　事實－價值配合才行。 　2. 政治學性質看→「人」。 　3. 民主開放價值要維護。 　4. 杜威與考夫曼(Felix Kaufmann)二者不分。 價值：亦隨情勢而定。	①不能： 　1. 杜威(John Dewey)： 　　至善是無稽的，無方法可測。不能也不應中立。 　2. 人：出生後接受社會化、價值已被內化。 　　不能分。 ②能： 　1. 研究過程： 　　$\left\{\begin{array}{l}選擇題目：主觀判斷\\蒐集→結論：在此中立\\發佈結果：分開陳述\end{array}\right.$ 　2. 從研究態度、方法、學術風氣上觀察。都能。
	小結：應中立	小結：能

主題	一切科學研究的終極目的：解釋與預測	概念(concept)
說 明	①「解釋」的三種看法： 　1. 演繹－涵蓋定律方式：(de-ductive-nomological form)多數方法論者所接受。 　2.「心理的」：使人了解；非方法論所求。 　3. 把事實「安放」在系統中。（尚不足）。 　　Isaak：與第 1 項同，即要有普遍性定律支持才算。 ② 解釋的層次（Isaak 稱完整性）： 　1. 最佳：充份解釋（Isaak稱完整的解釋）。 　2. 部份解釋。 　3. 解釋芻形。 　4. 最差：假解釋。 ③解釋類型(Isaak 特模式) | 呂亞力	Isaak | |---|---| | 1. 依邏輯結構分： 演繹－涵蓋律型 蓋然型。 | 習性模式 意向－ 理性－ | | 2.依性質分 因果解釋（最佳） 功能的（系統支持型） 目的的（性向、意向、習慣） 溯原型、總體型 | 總體－ 系統維持－ 起源－ |	界說(definition) ①人類對事物的界說有兩種詮釋：真實界說與名義界說。 ②概念的引入有六種方式（易君博稱：界說種類）：直觀、報導、制定（名義或名相）、運作、性向、理論等六種概念。（這些也可稱概念的種類）。 **類型（分類）** 依漢普爾(Hempel)分類：①分類的概念：有二分法、多重分法。②比較的概念：又叫序列概念。③計量的概念：有二次類：序數、比例。④理想型（即 Max Webert 建構類型） **評估（是否合乎科學）** ①評估是否合乎「科學概念」有兩標準：經驗意含、系統意含。 **與政治研究關係（問題）** ①同名詞不同概念。 ②不同名詞同概念。 ③欠經驗、系統意含。 ④概念的轉譯問題。 ⑤教學須要與研究須要不能配合。 **未來發展** ①舊概念的澄清　新概念的引入（即 David Easton 的概念製作革命）。 ②概念的經驗印證及納入系統，有助於建構理論。 ③建構概念之形成。

主題	定律(law)	理論(Theory)
說　明	**界說(definition)** 所謂「定律」： ①是概念的連結。 ②已經檢證的假設。 **類型（分類）** ①普遍性定律（general law，Isaak稱普遍性通則）。 ②蓋然性定律（或稱統計通則、統計定律、機率律）。 ③準定律（有稱：傾向律）。 **功能（功用）** ①描述現象。 ②解釋。 ③預測。 ④有系統地組織經驗。 ⑤賦予事實某種意義。 **評估（是否合乎科學）** ①所包含的概念是否健全。（概念間關係，獨立界定）。 ②經驗基礎。 ③定律形式：普遍化條件句。 ④定律的涵蓋性。	**界說(definition)** ①Eugene J. Meehan：「演繹地相聯的一組通則。」 ②Stephen L. Wasby：「一組通則結合成的系統，彼此相聯結，並表示變項間關係。」 ③Isaak：一套陳述的結合。通則構成的續繹網。一套相關的經驗通則。 **類型（分類）** ①依建構原則分：演繹理論（層級理論）：普遍性的。聯結理論：依蓋然性建構。 ②依適用範圍：狹範圍、中範圍、普遍性等三種理論。 ③依性質分：實質理論、建構理論。 **功能（功用）** ①第一派：真實觀：真正知識的反映，整合、編集、解釋知識。 ②第二派：工具觀：啟發功能，提出假設，產生假設，發現知識。 ③Paesons：研究者控制觀察，解釋，以免偏見。 **評估** ①解釋力。 ②預測力。 ③重要性（涉及理論、啟發）。 ④優美（易學、簡練）。 **與政治研究關係** ①建構總體理論。 ②個體理論。

政治學方法論第二部份

政治研究的基本常識、準備、態度

壹：政治研究種類：

	實用的	純粹的
非實證	政治哲學	形式理論
實證	實務研究	理論取向

理論取向：是當前主流。

貳：政治實證研究基本常識

①決定分析單元：個體或整體。

②研究區分：個案研究　比較研究。

參：準備工作：研究設計、能力。

肆：基本態度：真知、敬業。

研究題目選擇

最重要、最難，依下列：

壹、目的：知識、價值、好奇。

貳：成效預估。

研究問題的釐清

壹：確立目標。

貳：範圍決定：資料領域、
　　　　　　　分析層次。

參：正確而完整的描述。

肆：題目中概念之澄清。

伍：省察命題。

蒐集資料的技術

壹：技術之一：文件分析。

貳：技術之二：參與觀察。

參：技術之三：實驗、模擬、模演。

肆：技術之四：調查訪談

問卷與訪談單

壹：結構形式固定訪談法及問卷法。
　　利：效率、方便、簡化、標準。
　　弊：主觀。發現新知差。

貳：問卷或訪談單設計基本考慮：客
　　觀、技術。

參：一般原則：熟悉題材、
　　　　　　　工作規範。

抽樣理論與實務

壹、抽樣種類：

㈠非機率的抽樣型式

　　①偶然的抽樣。

　　②事先設計的可獲性。

　　③判斷的可獲性。

㈡機率抽樣型式

　　①簡單隨機抽樣。

　　②間隔抽樣（系統抽樣）

　　③分層隨機抽樣。

　　④叢集抽樣。

　　⑤多階抽樣。

㈢混合抽樣。

貳、抽樣的選用

研究設計

注意不同：

⎰研究設計：即藍圖、工作計劃。

⎱研究計劃：書、論文的大綱。

壹、研究設計內容有四：

　　①採用何種設計（即設計邏輯）。

　　②使用技術和描述。

　　③蒐集資料的說明。

　　④擬試驗的假設。

貳、研究設計的種類，各家不一，舉
　　其四：

　　①沒有受控群的觀察。

　　②天然試驗。

　　③無事先測量的天然試驗。

　　④真實試驗。

政治學方法論第三部份

	結構功能分析	系統理論
思想沿革（學者）	① A. James Gregor：生物有機論，均衡生理學。人類學家雷特克立夫－勃朗(A.R.Radcliffe Brown)、馬林諾斯基(Bronislaw Malinowsik)。 ② 貢獻最大：派森斯(Talcott Parsons)、李維(Marion Levy)都是 1950-1960 發展成功的。	① W. Ross Ashby, 1952 一組互聯的變項－該組變項與環境必須劃分清楚，及該組變項在環境動盪衝擊下，維持自己方式之研究。 ② David Easton
基本概念	① 結構：一個社會及其次級單位，或部份的種種安排。建制就是顯例。 ② 功能：指一項活動的後果。對產生活動的單位所歸之系統具有影響者。稱之。 ③ 七種概念：系統與次系統、社會結構、生物性須要、適應與配合、正負功能、主觀客觀分開、顯穩功能。	是一種心智建構，具有「目的性格」，是一個追求目的之系統，並能改變自己，創造適應，甚至有生命過程(David Easton)。
模式（無模型）	基本假設：「一切系統有可識別的結構，這些結構都能履行某些功能，對系統穩定和維持具有作用。」	環境 輸入項 需求／支持 → 政治系統 決策 → 輸出項 環境 饋反
類型（派別）（分類）		
功能功用優缺（評估）	① parson：維持、目標達成、調適、整合。 ② Gabriel Almond：能力功能、變換、維持與調適。 ③ 批評與討論：是否可證、是否因果、目的陳述、是否動態、是否意識型態、理論性質。	① 功能：對權威價值實施：處分、分配、授于、拒絕。 ② 評估：解釋力不足，太專注穩定。 ③ 貢獻：簡化複雜的政治世界。
備用		

	集團理論	決策理論
思想沿革（學者）	1908 朋脫來(Arthu F. Bentley)已有經典。 1951 杜魯門(David B. Truman)顛峰。	蜀樂(Yehezkel Dror)；列克(William Riker)；賽蒙(Herbert Simon)；林勃龍(Charles E. Lindblom)；艾里遜(Graham Allison)；Harold D Lasswell
基本概念	①集團：互動以追求政治目標之個人的集合體，並把集團當分析單位。 ②互動：彼此施展壓力，這壓力界定了政治系統在特定時空中的狀態。 ③ Trumsn：「接近」(access)：最接近政府最有力。測定團結程度。	決策：即下列過程或活動：「問題認識、資訊探索選項界定、行動者就選項中選一。」必須各階段相合→高度達成目標。 政治決策：蜀樂：「對決策系統之決策」。
模式（模型）（無模）		V 價值判斷　決策者 D　F 事實判斷　S 情境　C 後果判斷
類型（分類）（派別）	① Truman 分兩類：類別集團、利益集團。 ② Almond 分四類：組織的利益集團、機構的利益集團、非組織的利益集團、不軌的利益集團。	決策的本質－模式－第一類決策理論： ①充份理性模式。 ②賽蒙：有限理性模式。 ③林勃龍：小幅累積改變模式。 ④艾里遜：官僚議價模式。
功能功用優缺（評估）	①缺點：①有文化上的偏狹。②變項間關係未指明。③研究系統狹（如我國無人研究）。④忽略個人特質。⑤未考慮到國家、社會、民族。 ②優點：①最早把政治分析自傳統中解脫出來。②概念已有釐清。③實證主義濃。 ③促進社會公益。組織的利益	決策研究法比國家、權力、行為都優異： ①係分析單元看：滿足三條件。 ②從完形分析看：有三功能：事實價值兼顧。 ③解釋與預測：易達經驗理論，原因有三。 ④理論與實際：不離人生，理由有三。 缺：只是一個概念架構，缺乏產生命題之能力。
備用		第二類決策理論－決策過程理論：決策情勢→決策參與者，→決策過程→決策成果。

	溝通理論	精英研究途徑
思想沿革（學者）	杜區(Karl Deutsch) ⎱的操縱學 賴魏納(Norbert Weiner) ⎰資訊理論 Harold Lasswell 克來普(Joseph Kpapper) 麥魯漢(Marshall Mcluhan)	①前驅者：聖西門(H. C. D. Sanit-Simon)1760-1825；坦　因(Hippdyte Taine)1823-1893；德根澄勞維茲(Ludwing Gumplanlicz)1838-1909 ②奠基者：柏雷圖(Vilfredo Pareto)1848-1923；莫斯卡(Gaetano Mosca)1859-1941；密契爾斯(Roberto Michels) ③建立者：拉斯威爾：「獲得任何價值之大部份的少數人，謂之精英，其餘百姓。」
基本概念	魏納：自我節制的機器，電腦與有機體的神經系統，其生理與運作的理論，他們能保持平衡與追求目標。 資訊、信息、溝通管道、溝通、溝通網、噪音、反饋、曲解、學習、負荷（間隔、更易、領先）	
模式（模型）（無模）	杜區： 系統欲達成目標，須有反饋能力，欲有此能力，有賴溝通。	
類型（分類）（派別）	網的方式（溝通方式）五類：	
功能功用優缺（評估）	缺：仍是局部理論。政治行為不等於決策行為。 優：概念界定明確，能運作，資料可以量化。	功用（價值）： ①合開發中國家用－精英決定性。 ②精英易辨，資料多。 ③研究古代政治可用。
備用		

	組織理論	Max Weber：建構類型
思想沿革 （學者）	泰勒(Frederick W. Taylor),1911 梅育(Elton Mayo) Lewis Coser, 1956 韋伯(Max Weber) 馬斯羅(Abraham H. Maslow) 麥克里蘭(David C. McClelland)	Max Weber 辛穆爾(C. Simmel) 柏克(H. Becket),1940 韓培爾(C. G. Hempel) 馬肯尼(J. G. McKINNEY) 蘭尼(A. Ranney)
基本概念	奉勒：動機理論＝行為理論：經濟人。 梅育：人情關係說：社會是和樂大家庭。 Lewis Coser：結構論：衝突必須有益。 韋伯：官僚理論。 馬斯羅：自我實現。 麥克里蘭：成就需要論。	①它不是假設。不是真實的描述。不是平均。不是通則。 ②它是：邏輯性的心智建構。理論性的因素選擇。統攝性的特殊概念。
模式（模型） （無模）	①「目標模式」：專探討目標的實現。 　缺：大多數目標不能完全實現。 ②「系統模式」：除目標實現外，也重視系統維護。	 民主政府型模　民主政府　近似民主政府　近似獨裁政府　獨裁政府　獨裁政府模型
類型（分類） （派別）	各派論說同「基本概念」。 特說明韋伯的官僚理論：人為何會自願從服政治系統，標準①傳統的。②理性－法律的（最佳方式）。③Charisma。	① C. G. Hempel 把建構類型分三類：①分類的類型。②異極的類型。③理念型模的類型。二個次型：正統的、非正統的。 ②瓦提肯斯(J. W. N. Watkins)分二種：全體論的理念類型。個體論－（同 Hempel 的正統）
功能功用優缺 （評估）	組織目標的功能： ①提供努力方向。 ②組織活動與存在有「合法性」基礎。 ③衡量組織成效效能、效率、基礎。	①一般功能： ㈠社會科學研究上的方便。 ㈡前項各分類各有用途。 ②理論建造過程中的功用： ㈠提供因果線索，建立陳述關係。 ㈡考察是否合乎邏輯推演與經驗印證，建立巨型理論。
備用	①組織內行為：如「基本概念」中各家。 ②組織與環境： 　現代組織出現的社會條件。 　大社會（國家）如何規範小社會。 　組織社會的未來。	

	政治社會化分析	心理學研究法
思想沿革（學者）	皮耳斯(B. L. Pierce, 1933) 梅菱(C. E. Merriam, 1934) 海門(H. H. Hyman, 1959) 格林斯坦(F. I. Greensfein) 藍敦(K. P. Langton, 1969) 伊斯登(D. Easton) 丹尼斯(J. Dennis)	巴夫洛夫(I. P. Pavlov) 華生(J. W. Watson) 衛特邁(M. Wertheimer) 柯夫卡(K. Koffka) 柯勒(W. Kohlor) Fruid E. Fromm
基本概念	①格林斯坦：「人生各階段的一切政治學習。」 ②藍敦：「社會把它的政治文化從上一代傳遞到下一代的過程。」 ③伊丹：「個人獲取政治行為定向及行為模式之發展過程。」	凡是用心理概念，如人性、人格、動機、態度；或依心理學理論，如行為學派，完形學派、學習理論，去處理或解釋政治現象，而從事系統研究，均稱「心理研究法」。
模式（無模）（模型）		史密斯(M. B. Smith, 1968)：人格與政治：
類型（派別）（分類）	①意識：顯性與隱性的。 ②計劃：計劃與非計劃的。 ③形成：代間（垂直）、代內（平行） ｝三標準 六類 伊丹也把P. S.分成三種理論：①分配理論。②系統維持理論。③系統持續理論。	兩個途徑： 第一：行為心理學派：巴夫洛夫、華生。 完形心理學派：衛特邁、柯勒等。 分析心理學派：佛洛依德、Fromm。 第二：個案分析、類型分析、總體分析。
評估（功能功用優缺）		政治人格之爭論： ①反對有政治人格者：F. I. Greenstein：懷疑個人或團體有決定政治現象行程，或歷史變遷之能力。 ②肯定。但不好實證。 ③目前：政治人格已能實證。
備用	H. D. Lasswell 的研究途徑： ①論學習（客體）。 ②向誰學習（主體）。 ③學什麼（內容）。 ④學習情況（方式）。 ⑤效果（想到達什麼結果）。	小結：在政治學中已廣為運用。

	社會科學中的歷史解釋	羅素政治學（政治權力功能論）
思想沿革（學者）	Karl R. Popper G. G. Hempel P. Oppenheim	Berterand Arthur William Russell, 1872-1970 早期也有權力論者：如馬基維利、霍布斯、韋伯、拉斯威爾等。
基本概念	歷史研究（事實）：找出事實、關係，做社會研究建立理論之依據。 社會研究（理論）：建立理論，給歷史用。 歷史解釋：{個體論／全體論} 概念不同。	Russell，「政治權力」：在一個固定的領土上，要求使用合法強制性力量之獨佔，以統制一切人民。 政治權力出發點：安全、公正、保持。 Isaak：是關係的權力：甲對乙有權力。
模式（模型）（無模）	韓培爾和歐本海莫的「科學解釋型模」。	
類型（分類）（派別）	從 Methodology 看：有二類型： 全體論和個體論的歷史解釋， 分別在：{基本假設／歷史實體／歷史法則／歷史預測} 觀點不同。	曼漢門(K. Mannheim)：政治權力兩類： ①功能性權力（工具）且的→幸福。 ②專斷性權力（價值）目的→權力。 Isaak：權力兩類型： ①武力、支配、操縱。 ②權威、操縱、影響。
評估（功能功用優缺）	以下有困難，但能克服： ①歷史的獨特性。不能建則？ ②歷史的斷續性。因果難找？ ③歷史解釋與價值。事實與價值？ ④歷史解釋的客觀性。主觀客現？	①解決了 Anarchism 和 despotism 爭論。 ②人道主義者。
備用	結論：①歷史社會研究互依存。 ②用科學解釋型模，才是真解。 ③棄全體論，發展個體論。 ④有困難、能克服。	結論： ①權力與價值相依存，互為因果。 ②相對主義，真理只可逼近。 ③均衡原則。

	Epictetus 政治思想	個體論的心理研究法
思想沿革（學者）	①約 B. C. 400 亞歷山大建立，城邦互解。Plato 和 Aristotale 思想失去信仰。此時有三大學派：懷疑派、伊壁鳩魯派、斯多亞派。 ②芝諸→stoicism→Epictetus。 ③ Epictetus 面臨：思想環境、社會與個人環境。	華里斯(Graham Wallas, 1908) 拉拍波爾(Anutol Rapaport) Freuit. Lasswell.
基本概念	①自然法與社會生活：支配宇宙和社會發展，有整一性、普遍性。 ②人性三成份：慾望、追求、領悟。 ③宇宙無所不包，包含罪惡，惡是為實現善而存在。 ④人要皈依自然，才能自由。	①五個習性概念：意見、態度、意識型態、價值、信仰。 ②「學習」：行為模式的選擇性累積。 ③「人格」：更深一層的習性。
模式（模型）（無模）	①奴役來自內心慾望、懼怕。 ②自由的到達：自我控制、克服有三步：教育自我啟發理性、用理性了解自然、服從宇宙理性→天人合一。	①習性最佳類型：學習理論。 ②人格理論。 ③團體習性。
類型（分類）（派別）	容忍有三方面意義：哲學、倫理、知識。 容忍方式：淡漠、棄捨→自由平等。	①學習理論分兩派：關聯論和增強論。 ②人格理論：佛洛依德和心理分析：都有基本假定，基本需求和驅力。 ③團體理論。
評估（功能功用優缺）	世界國家的理想與實現： ①國家性質：宇宙理性延伸。國家目的→天道。 ②構成份子：人、神。 ③憲法：法→統治→人、神（絕對神、諸神）。 ④實現：教育→理性←自然法→統一。	
備用	批判：宇宙沒有意志。 自然法←有矛盾→個人絕對自由 禁慾主義違反人性。 評價：①對西方文明發展的影響。 ②對政治、思想影響。 ③全體、個體可以調和。	

附件二：政治研究計畫書（中文範例）

統獨衝突分析與發展研究　陳福成撰

（適用碩博士論文、學術研究論文、研究計畫等）

目錄

壹、研究動機

　　本論文的研究動機有四，即歷史反省、理論檢證、政策鑒戒、思考與研究之承續，概述如下：

一、歷史反省

　　我國近代的統獨問題爭論，從甲午一戰「台灣民主國」出現，到現在的台獨問題，已歷一百多年。其間雖有不同型態的統獨方式之訴求，基本上也只有「統」或「獨」二選一的零和遊戲(Zero-Sun Game)。為此還發生了戰爭與動亂，犧牲無辜的人命與財產，而統的目標亦未達成，獨的路線愈走愈覺困境重重。要知道其中真相，應該重建歷史事實。必竟，不論價值陳述(Normative Statement)或事實陳述(Descriptive Statement)，都是基於可以經驗觀察的事實。（註一）故首先要從歷史事實來反思問題。

二、理論檢證

　　就理論上講，統獨各方都可以講出一番大道理，以支持己方論點。例如獨派方面常說人民有權自決，人民可以決定自己前途，但是，人民真的可以推翻國家嗎？統派方面的觀點認為，聽任人民自決，要獨立的也悉聽尊便，國家必陷四分五裂，內戰永不止息，非人民之福也。雙方似乎都有合理的論據，然而言些所謂的「理論」(Theory)，那一方最合乎一理論的界說與要件（註二）。邏輯系統上的推演和經驗實務上的印證，總有「上乘」與「下乘」的一方，這些都須要進一步去檢證。

三、政策鑒戒

　　為達成目標，必須有一套政策(Policy)，例如中共提出「一國兩治」，我國則在「國家統一綱領」中宣示「建立民主、自由、均富的中國。」而民進黨的「台獨黨綱」則已似被凍結，是統！是獨！目前政策上似相當模糊。即是「政策」，應是可以執行，且有些已經完成執行，有些則正在執行中。總之，海峽兩岸及各政黨都對統獨問題有了自己的政策，執行成果如何？那些要檢討？並可為鑒戒者，本論文均逐一分析。

四、思考與研究之承續

　　學生自民國七十七年從研究所畢業，當時的論文題目是「中國近代政治結社之研究」，之後十餘年來對我國的政治、社會領域若干問題，從未停止過思考、研究、寫作，總是抱著不斷學習的精神。所用心著墨之領域，雖未直指統獨，但也都是與統獨相關的內容，除發表過的單篇論文外，相繼出版下列各書：

　　《決戰閏八月－後鄧時代中共武力犯台研究》（金台灣出版，84 年 7 月）

　　《防衛大台灣－台海安全與三軍戰略大佈局》（金台灣出版，84 年 11 月）

　　「國家安全概論」（台灣大學出版，86 年 8 月）

　　「國家安全與情治機關的弔詭」（幼獅公司出版，87 年 7 月）

　　這幾本書都曾涉及統獨問題。學生深知目前研究統獨問題，也可能治絲益棼。惟一則為研究之承續，再則深感統獨對國家、

人民安危之重要，乃毅然選擇這樣的題目。當艾文・托佛勒(Alvin Toffler)完成了「未來學」三部曲——一九七〇年《未來的衝擊》、一九八〇年《第三波》及一九九〇年《大未來》後，他說為一個信念花二十五年時間去探索，已經可以為自己的探索過程劃下休止符。我也許要花更多時間思考統獨，因為統獨有更多的「大未來」，卻還看不到可以劃下休止符的機緣。

貳、研究目的

　　本研究之目的，著眼於以下兩個思考層次。第一從過去到現在的。這部份是從過去的歷史看到現在，探討近代統獨源起、衝突模式分析，「現在」提出幾個解決統獨問題的構想。過去那段統獨歷史，對現在的我們，思考如何解決統獨問題，應該有相當程度之助益。

　　第二是從更久遠的過去、現在，放眼大未來。這部份是從「大歷史」(Macro-history)的宏觀，來探察統獨的未來發展，要言之，是在預測未來是分？是合？在政治研究域，通常有概念使用不夠明確，邏輯嚴謹度不足之病。但若干嚴格的方法論者，也認為一個充份解釋(Explanation)，必定具有預測(Precdiction)的能力。（註三）本論文對過去統獨歷史的研究，頂多亦止於部份解釋(Partial Explanation)或解釋芻形(Explanation Sketch)，但這些解釋仍舊具有很高價值。政治學家Lucian W. Pye也認政治發展(Political Development)是一種多元社會變遷過程的局面，也是民主政治制度和現代國家建立的過程。（註四）本研究乃斗膽從發展(Development)的觀點看統獨問題。

參、研究方法

政治研究的方法問題，一般分三個層次。首先是「方法論」(Methodology)，這是人文、社會、自然科學，包含哲學上的知識論之共同問題，其大意義是要釐訂適當的研究程序，以控制研究成果的純正和可信度。因此，本文研究過程中將盡最大之努力避免出現價值陳述，以保持價值中立的態度。當然，這不是指全然價值中立(Complete Value-Neutrality)，而是指方法論上的價值中立(Methodological Value-Neutrality)。（註五）在研究過程中要做倒價值中立，避免用自己主觀的價值判斷來選擇或詮釋資料及作成研究結論，特別是具有政治價值、政治哲學屬性的統獨問題，若不能提高「方法論上的價值中位」，必將難以維護學術尊嚴。

第二個層次是研究途徑(Approach)，實際上是一些解釋能力不足的理論，國內學稱之「概念架構」(Conceptual Frameworks)。（註六）有關本論文的主要研究途徑有三：㈠歷史研究途徑(Historical approach)，從統獨個別歷史事實的因果關聯去「重建過去」(The reconstruction of the past)，了解事實，敘述事實，梳理出前因後果，以利解釋政治現象和對政治發展的觀察。㈡集團途徑(Group approach)，集團是指互動以追求共同政治目標之個人的集合體，通常視為基本的分析單位。（註七）對中國問題素有研究的學者 Lucian Pye 認為，當代中國問題，大家已公認是來自有組織的政治集團相互之間衝突而引起，都想鬥垮對方重建自己的新朝代。（註八）本研究把「統」(Unification)、「獨」(Independence)視為兩個集團，因此「權力」、「利益」、「衝突」都是

重要概念。㈢綜合研究途徑(Combined approach)，包括系統理論(System theory)、國際關係（以整合理論 Integration theory 和衝突理論 Conflict theory 為主）及戰略研究等。

　　第三個層次是技術或方法(Techniques or Methods)。本研究過程中的資料蒐集，係以文獻法為主，資料包含中、英文的官方與民間出版品、書籍、研究生論文、學術會議論文、期刊、報紙等。另外，提高資料蒐集的技術，慎重從事文件內容分析以達到最高的可信度。民意調查資料的運用，在研究過程中都經過合理的篩選。

　　綜合以上有關研究方法的論述，本論文的概念架構如次：

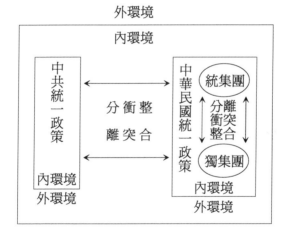

肆、概念界定

　　統、獨在本研究中是一個重要而廣泛的概念，儘管我們每天大概都在某些媒體上知道一些有關統獨訊息，但仍要加以界定，使其概念日愈明確。

「統」(Unification or Irredentism)有統一、一致、合一、單一性或追求民族統一之意。「獨」(Independence)有獨立、自主，從整體分離(Separation or Secession)出來之意。故「統」和「獨」是兩個相對概念。

從政治發展(Political Development)過程論之，統一通常是建立在國家整合(National Integration)和國家認同(National Identity)成功後才得到的結果。例如 Howard Wriggins, Myron Weiner, William N. Chambers 等學者，都認為透過國家整合，將文化及社會上分離的團體納入單一的疆域，並建立起國家認同；或將社會中分離不相屬的部分統一成為相互具有密切關係的整體。（註九）這便是國家統一了。中山先生雖未提出國家整合這個概念，但他所做的就是這種統一的大工程，民國元年當他就任臨時大總統時，就在宣言中說到「民族統一、領土統一、軍政統一、內治統一、財政統一」。（註一〇）

獨立則和國家構成要素「主權」(Sovereignty)相通。因為主權至高無上，所以存在於其他平等國家範圍以外，因而獨立，其意義有二：第一是對內的獨立，也就是對自己國民的完全統治權(Imperium)，以及對本國領土範圍以內事務的管轄權(Dominium)，理論上任何國家可以自我決定其經濟體制、生活方式。第二是對外的獨立，也是消極方面不受外來的干涉，積極方面可以依照國際法在國際上從事活動，如訂約、派遣或接受使節等。（註一一）

統一與獨立不僅是對立、相對的概念，且同一項政治活動（如政策）不同的政治團體就有非常分歧的解讀。就中共而言，認為民進黨走「台獨」路線固無疑問，而國民黨是走「獨台」路線，同樣具有分離傾向，所謂「本土化」、「大陸政策」及「務

實外交」等政策，都是在造成獨立的「政治實體」，不利兩岸統一。事實上，這些都是我國內政治發展的必然趨勢，都是基於國家利益和國家安全考量。

可見研究統獨問題困難之處，在於沒有統一的概念可用。但這也說明統獨的政治屬性很高，科學屬性很低。

伍、研究範圍與限制

一、研究範圍：

我國統獨歷史久遠而廣泛，近代之蒙古、西藏、新疆等地區都有統獨問題。但成為國人關注焦點者，能和生活在這塊土地上的我們產生息息相關的安危關係者，是台獨問題。且在國民政府來到台灣後才開始有較激烈的統獨論戰，解嚴前後更是熱到最高點。因此本研究的資料領域(Data domain)，以中華民國在台灣這段時間的統獨問題為主，其他為次。

在分析層次(Level of analysis)上有三：第一是集團層次，統獨就是兩個立場鮮明的政治集團。第二是國家層次，中華民國與中華人民共和國對統獨都有決定性的影響力。第三是國際層次，國際關係對統獨的影響亦不可輕忽。

二、研究限制：

政治上的統一與分離運動，與心理層面上的偏見與狂熱，經常如影隨形般的影響一個國家的整體發展，這些充滿價值觀的變項，就是本研究最不易掌握的限制因素。

陸、研究綱要

　　本論文即研究我國統獨問題，並期望由現在的問題，透過發展概念，看到一個未來的可能性：歷史的未來走向，是統？是獨？或是？就先要對我國近代統獨問題有正確的解釋和合理的分析。

　　對國際上其他的統獨問題，須有一概觀，並掌握主流思潮，不論從歷史事實或系統理論觀之，外社會環境(Extra-Social environment)對內社會環境(Intra-Social environment)的影響是無可避免的。本論文除導論、結論外，餘分五章二十節，其綱要如下：

導論
　　壹、研究動機
　　貳、研究目的
　　參、研究方法
　　肆、概念界定
　　伍、研究範圍與限制
第一章　我國近代統獨問題概觀
　　第一節　我國歷史上統獨思想源流探微
　　第二節　台獨運動及其他分離團體之興起
　　第三節　政治發展與統獨問題
　　第四節　當前影響統獨問題的若干因素分析
第二章　統獨理論及衝突模式分析
　　第一節　各式統獨理論的排他性
　　第二節　島內統獨衝突管理模式

註釋：

註一：政治學上所謂的「事實」，是指一種事物的狀態(A State of Affairs)。它可能包括具有某種特性的「物象」或「人物」(object)，如英國的巴力門；一件發生的單獨事件(Event)，如美國革命；一類經常跟隨另一類發生的事件，如戰爭。呂亞力，政治學方法論（台北：三民書局，民國 74 年 9 月，三版），第一篇，第五章，第貳－肆節。

註二：關於「理論」一詞界說頗多，如魯德納(Ricard S. Rudner)說：「凡是一套陳述或某些類似定律的通則，其相互間具有系統上的關聯性及經驗上的可證性，便是一個理論。」理論的要件有二，第一是邏輯上的系統推演，第二是經驗上的事實印證。兩者缺一不可。易君博，政治理論與研究方法（台北：三民書局，73 年 9 月，四版），頁二－三。

註三：同註一，頁六四。

註四：Lucian W. Pye, Aspects of Political Development (Massachusetts: Institute of Technologym, 1966)。（台北：虹橋書店，72 年 6 月 16 日），頁三五－四四。

註五：郭秋永，政治學方法論研究專集（台北：台灣商務印書館，77 年 5 月），頁三一七。

註六：與「概念架構」同意的名詞尚有「概念途徑」(Conceptual Approach)，「概念工具」(Conceptual tool)，「概念設計」(Conceptual Scheme)等，語意都相同，容易混淆。

註七：同註一，頁二四九。

註八：Lucian W. Pye, The Dynamics of Chinese Politics (West Germany: Rand Corporation, 1981), p.1。

註九：轉引彭堅汶，孫中山三民主義建國與政治發展理論之研究（台北：時英出版社，76 年 12 月），頁五八。

註一〇：中國國民黨中央委員會黨史委員會，國父全集，第一冊（台北：中國國民黨中央委員會黨史委員會，77 年 3 月 1 日），頁

七八〇－七八一。

註一一：邵子平，「獨立原則」，國家關係，第四冊，雲五社會科學
　　　　大辭典（台北：台灣商務印書館，74年4月增訂三版），頁三
　　　　四三。

參考書目（部份）

壹、英文部份

1. Lucian W. Pye. *Aspects of Political Development*. Massachusetts: Institute of technologym, 1966.

2. Lucian W. Pye. *The Dynamics of Chinese Politics*. West Germany: Rand Corporation, 1981.

3. Robert A Dahl. *Polyarchy Participation and Opposition*. New Haven and London: Yale University Press, 1971.

貳、中文書籍

1. 呂亞力，政治學方法論，台北：三民書局，民國74年9月。

2. 易君博，政治理論與研究方法，台北：三民書局，73年9月，第四版。

3. 郭秋永，政治學方法論研究專集，台北：台灣商務印書館，77年5月。

4. 彭堅汶，孫中山三民主義建國與政治發展理論之研究，台北：時英出版社，76年12月。

5. 楊逢泰，民族自決的理論和實際，台北：正中書局，83年8月。

6. 江炳倫，政治發展的理論，台北：台灣商務印書館，74年3月，第五版。

7. 江炳倫，亞洲政治文化個案研究，台北：五南圖書出版公司，78年

6 月。

8. 孔令晟，大戰略通論，台北：好聯出版社，84 年 10 月 31 日。

9. 李登輝，經營大台灣，台北：遠流出版社，85 年 1 月 15 日。

10. Alvin Toffler，大未來(powershift)，吳迎春、傅凌譯，第二版，台北：時報文化出版公司，84 年 3 月 30 日。

11. 吳國光、王兆軍，鄧小平之後的中國，台北：世界書局，83 年 3 月。

12. 蕭超然，中國政治發展與多黨合作制度，北京：北京大學出版社，一九九一年二月。

13. 宮崎正弘，中國大分裂，台北：鑽石人生出版社（原發行ネスコ／文藝春秋），一九九五年。

14. 蕭公權，中國政治思想史（上下冊），台北：中國文化大學出版部，74 年 7 月新三版。

15. 莫里斯・杜瓦傑(Maurice Duverger)，政治之解析(The Idea of Politics)，張保民譯註，台北：獅谷出版有限公司，70 年 10 月 1 日。

16. 杭亭頓(Samuel P. Huntington)，文明衝突與世界秩序的重建(The Clash of Civilizations and The Remaking of World Order)，黃裕美譯，台北：聯經出版事業公司，一九九七年九月。

17. 華力進，政治學，台北：經世書局，76 年 10 月增訂一版。

18. 薩孟武，中國治思想史，台北：三民書局，76 年 3 月。

19. 卡爾・巴柏(Karl R. Popper)，開放社會及其敵人(The Open Society and it's Enemies)，李英明、莊文瑞譯，第一版，台北：桂冠圖書公司，一九八八年元月二十日。

20. 中國國民黨中央委員會黨史委員會編，國父集集（全六冊），台北：中國國民當中央委員會黨中委員會，77 年 3 月 1 日。

21. 陳福成，中共武力犯台研究，台北：金台灣出版公司，84 年 7 月 10 日。

22. 陳福成，防衛大台灣，台北：金台灣出版公司，84 年 11 月 1 日。

23. 陳福成，國家安全概論，台北：台灣大學教官室，86 年 8 月。

24. 陳福成，國家安全與情治機關的弔詭，台北：幼獅文化事業出版公司，87 年 7 月。

參、期刊

1. 張麟徵，「分離主義的內省與外觀」，問題與研究，第 33 卷，第 10 期，83 年 10 月。

2. 吳新興，「整合理論及其對中國問題解決的應用」，問題與研究，第 34 卷，第 2 期，84 年 2 月。

3. Jan Skaloun，「分裂國家的展望：統合或分歧？」，問題與研究，第 34 卷，第 2 期，84 年 2 月。

4. 趙建民，「海峽兩岸統一政策之比較」，問題與研究，第 34 卷，第 3 期，84 年 3 月。

肆、學術研討會論文

1. 高朗，「從整合理論分析兩岸間整合的條件與困境」，台灣大學政治系主辦，兩岸關係理論研討論，87 年 11 月 7 日。

2. 張五岳，「分裂國家模式之探討」，台灣大學政治系主辦，兩岸關係理論討會，87 年 11 月 7 日。

附件三：政治研究計畫書（英文範例）

The Analysis of the Conflict Existing between Reunification and Independence

By: Chen Fu-Cheng

Contents

I. Purpose

The purposes of this thesis are the following: historical review, theory evaluation, policy examination as well as thought and research continuation.

A. Historical Review

The recent debates concerning reunification (with the Mainland China) and (Taiwan) independence are ongoing concerns that back to the Chiawu War I "Democratic Republic of Taiwan" of a century ago which evolved to the independence issues of today. Campaigns for reunification and independence took Bdifferent forms during the century that past. Basically, the campaigns were zero-sum games toggling between "reunification" and "independence". Wars and riots ensued from these issues. Lives of innocent people and properties were sacrificed for these causes, yet no resolution has been achieved to date.

The road to independence seems to become more arduous and hard. One has to relive history to understand what truly happened; after all, nominative statements of descriptive statements are based on facts experienced or observed. (Note 1) Hence we should first tackle these problems based on historical facts.

B. Theory Evaluation

Theories are something the pro reunification and pro indepen-

dence factions have in abundant; they use them to support their argu-
ments. For instance, the pro independence faction often says that the
people have the right to make their own choices and choose the future
they want. Nevertheless, can the people really overturn a country? The
pro reunification faction believes that if the choices of the people are
to be heard and the call for independence are heeded, then the country
may be torn apart by civil war. This outcome will not bring happiness
to the people. Seemingly, the arguments of both factions are rational,
but which of these theories meet theoretical definition and essentials
the most? (Note 2) Logical deduction and experiential implementation
prove that there will always be an "The Best" and "Second Best".
This is a point that deserves further studies.

C. Policy Examination

For the achievement of our purpose, a set of policies should be
formulated. For instance, China proposed the "one nation two sys-
tems" but Taiwan proposed the "national reunification guidelines"
The Taiwan guidelines propounded "a China where democracy, free-
dom and an even distribution of wealth reigns", but the "Taiwan in-
dependence party network" of the People's Democratic Party seemed
to have been fro-en. The cry may be " Reunification" or "Indepen-
dence", whatever it may be policies are quite vague. The term "poli-
cies" mean matters that can be enforced, yet some of which have al-
ready been implemented and some are still being implemented. What
would be the result if both sides of the (Taiwan) Strait and each poli-

tical party concerned seem to have their own policies regarding reunification or independence? What should be considered for evaluation ? Moreover, what should are those for examination? These are the points that this thesis shall be analy-ing further.

D. Thought and Research Continuation

I graduated from my postgraduate studies in 1988. The title of my thesis then was "An Approach to the Political Integration of China" . During the decade that followed, my academic interest and research, as well as the essays I wrote regarding the political and social problems of Taiwan continued. The area of my concentration, although not necessarily directly pointing to the reunification and independence problem, revolved around the reunification and independence problems. In addition to one independent thesis, publications completed regarding this issue are:

"Challenging the leap 8th month － A Study of the Forcible Recovery of Taiwan during the Post Deng Era" (Golden Taiwan, July, 1995).

"The Defense of Taiwan － Naval Security and the Land Air Sea Defense Strategies" (Golden Taiwan, July, 1995).

"An Overview of Our National Security" (National Taiwan University, August, 1995).

"The Paradox of National Security and the Intelligence Agencies" (Lion Cub Co., July 1998).

These books talked about the reunification and independence dilemma. The researcher fully understands the existing studies concerning the reunification and independence issues can't do much good. However, continued research of these issues provides an insight of the important role they play in matters concerning national security. Hence the interest of this paper on the subject.

II. Objectives

The objectives of this research revolve around the following two thoughts. The first one concerns the historical development from past to present. This is where we review the nation's history and analy-e the causes and conflicts surrounding the reunification and independence dilemma. The "present" chapter of our history presented several solutions to the reunification and independence dilemma. The past developments concerning the reunification and independence issues contribute greatly to today's understanding and solution of these issues.

The second objective is to look into the future from the perspectives laid by past and present history. This part views the future development of the reunification and independence issues from the macro history perspective. Political studies often show ambiguous application of ideas and a serious lack of logical thinking. A group of rigid methodologists also believe that a sufficient explanation should contain the ability to predict future outcome. (Note 3) This thesis, at most, provides a partial explanation or explanatory sketch of the history concerning the reunification and independence dilemma; explanations that are still rich is value. Political scientist Lucian W. Pye also believes that political development is an aspect of a versatile social evolution, it forms a part of the democratic system and modern national construction process. (Note 4) This paper attempts to view the reunification and independence dilemma from the development point of view.

III. Methodology

The problems in political research techniques are usually expressed in three levels. First is the methodology. This covers the problems concerning culture, society, natural science and philosophical understanding theories. Its most important implication is its ability to identify the suitable research procedure capable of controlling the purity and credibility of the research findings. Hence, this paper did its best to avoid normative statements throughout the research process, thus maintaining valve neutrality. However, what this paper observed is not a complete value neutrality, but more of a methodological value neutrality. (Note 5) In an attempt to maintain value neutrality during the research, the paper avoided subjective value judgments during the selection or interpretation of data, as well as during the formation of conclusion, especially in the reunification and independence issues rich in political values and political philosophies. If we are unable to improve our methodological value neutrality, then it is imperative that an academic research objectivity is maintained.

Level 2 refers to approach. Theories that do not possess sufficient explanation ability are referred to as conceptual frameworks by local researches. (Note 6) The three principal approaches used by this thesis are the following: (1)the historical approach. The reconstruction of the past causes and effects surrounding reunification and independence, as well as the understanding and explanation of the political phenomena and an insight of the political developments. (2)Group approach. This refers to groups of individuals interactively pursuing a common political goal. These groups are usually regarded as the basic unit of analysis. (Note 7) Lucien Pye, a researcher who has conducted serious studies on the China problems, believes that the general regard for the contemporary problems of China is that these problems arose form the conflicts between different political groups who aim to defeat the other and create a new regime. (Note 8) This paper see the pro reunification (Unification) and pro independence (Independence) as two groups; hence, "power", "interests," and "conflict" make very important concepts. (3)Combined approach. This approach includes the system theory, international relations (mainly the integration theory and conflict theory)as well as strategy research.

The third level is techniques or methods. The data compilation of this study mainly uses bibliographical research. Data are obtained from China and English officially and privately published articles, books, postgraduate thesis, academic meetings and theses, journals, and news reports. Moreover, data compilation technique was upgraded through the careful analysis of contents, thereby ensuring data obtained possess the highest credibility. Poll survey data used in this paper underwent rational selection.

In summary of the above, the following thesis conceptual frameworks are used in the research methodology:

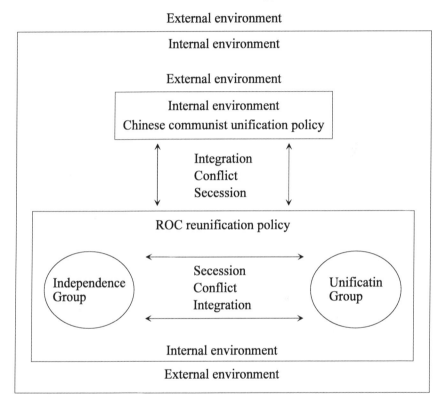

IV. Definition of Concepts

Reunification and independence are broad, important concepts of this paper. Although we regularly read or see a lot of media or news reports concerning the topics, still, we are unable to make a clear definition of these concepts.

"Unification" means solidarity, coherence, integration, consolidation or the pursuit of irredentism. "Independence" means sovereignty, independence, secession. Therefore "Unification" and "Independence" are two opposing concepts.

According to political development studies, unification is normally the fruit of successful national integration and national identification. For instance, researchers such as Howard Wriggins, Myron Weiner, William N. Chambers believe that national integration means the consolidation of the scattered cultural and social groups into one body, thus creating a national identity; or the unification of all separate of non subordinate parts to form a closely related entity. (Note 9) This is national unification. Dr. Sun Yat sen did not mention any national integration concept, but he had the huge unification plan in mind. In his 1912 speech as the interim president of the republic, he mentioned "the unification of the people, land, military and politics, government and finances" . (Note 10)

Independence thus became identified sovereignty, an essential to nation building. (Note 11) Sovereignty is unsurpassed; hence existing outside the scope of other equal nations means independence. It implies the internal and external independence of a nation.

V. Scope and Limitations

A. Scope

Unification and independence sentiments have a long and broad history. In this modern age, the regions of Mongolia, Tibet, and Sinkiang (Chinese Turkestan) are torn between unification and independence. However, Taiwanese concerns are focused on the security problems related to their presence and existence on their piece of land, or in other words, the Taiwan independence problem. Therefore, the data domain of this paper is set on the time when the Republic of China is in Taiwan, and not on a specific time period such as the Chungli Incident, the Kaohsiung Incident, or the Resolution Passed by the DPP recogni-ing the Republic of China.

There are three levels of analysis: First is the group level. Unification and Independence are two political groups possess clearly definable stands. Second is the national level. The Republic of China and the People's Republic of China have their own determining influence on the reunification and independence issues. Third is the international level. International relations also play a very important role in the reunification and independence campaigns.

B. Limitations

The political campaigns for reunification and independence are like the prejudice and mania shadows that affect the general development of a nation. Theses hard to grasp value judgments form the limitations of this paper.

VI. Outline

This paper studies the reunification and independence problems of Taiwan. It hopes to present a feasible future solution to today's problems through development concepts. What future does Taiwan have? Unification? Independence? Or⋯? First, we should present an accurate explanation and a rational analysis of the present day reunification and independence problems. We should also have an understanding of the other unification and independence dilemma existing in the international community, as well as grab a hold of the mainstream thought. Regardless whether it is a historical fact or a system theory, the extra social environment has an inevitable effect on the intra social environment. In addition to the introduction and conclusion chapters, this paper shall have five chapters and twenty parts; outline is as follows:

Introduction

   I. Purpose

   II. Objectives

   III. Methodology

   IV. Definition of Concepts

   V. Scope and Limitations

Chapter I Modern Unification and Independence Views

   Part 1 An investigation of the history of reunification and independence thoughts.

   Part 2 The rise of the Taiwan Independence Movement and other secessionist groups.

   Part 3 Political development and the reunification vs. independence problems.

   Part4 An analysis of the factors influencing present day reunification and independence problems.

Chapter II An Analysis of the Unification and Independence Theoretical and Conflict Models

Part 1　What unification and independence theories oppose.

Part 2　The intra-island unification and independence conflict management models.

Part 3　The intra-island unification and independence conflict and crisis management.

Part 4　The cross-strait unification and independence conflict and crisis management.

Chapter III The Conditions and Difficulties of Cross Strait Integration and Secession

Part 1　The unification and independence tug-of- war in the present international environment.

Part 2　Analyzing the cross-strait integration conditions and difficulties through the integration theory.

Part 3　An analysis of the difficulties encountered by the Taiwan Independence and other secessionist groups.

Part 4　The mainstream thought: The ROC and PRC policies.

Chapter IV Solving the Problem: Investigating the contemporary solutions to the reunification and independence problems

Part 1　The unification policy of Dr. Sun Yat-sen.

Part 2　The present "Unification" concepts.

Part 3　The present "Independence" concepts.

Part 4　An analysis of the "One Nation Two System" policy of

the PRC.

Notes:

Note 1: The so called "fact" in political science refers to the state of affairs. It may include "objects" or "persons" with certain characteristics, such as the Parliament of UK; or a special event, e.g. the US revolution; or a kind of event that normally happens together with another event, such as war. Lu A Li Political Science Methodoloty (Taipei: Sanmin Bookstore, September 1985, 3rd Edition), vol. 1, Chapter 5, Parts 2 to 4.

Note 2: The term "theory" is defined in many ways. For instance, Ricard S. Rudner defined it as: "a theory is any statement or a kind of definitive axiom possessing mutual systemic relations and experiential substantiality." A theory has two essentials. One, it should be a logical system development. Two, it can be factually substantiated by experience. Both essentials are indispensable. Yi Chun Po, Political Theories and Research Methodology (Taipei: Sanmin Bookstore, September 1984, 4the Edition), pp. 2 3.

Note 3: Op. Cit., p. 64.

Note 4: Lucian W. Pye, Aspects of Political Development (Massachusetts: Institute of Technology, 1966). (Taipei: Hungchiao Bookstore, June 16, 1983) pp. 3 5 44.

Note 5:Kuo Chio yung, Researching Political Science Methodologies, (Taipei: Taiwan Executive Press, May 1988.)

Note 6: Terms synonymous to "conceptual frameworks" are conceptual approach, conceptual tool, conceptual scheme, etc. Meaning are similar hence they are easily confused with the other.

Note 7: op. Cit. 1, p. 249.

Note 8: Lucian W. Pye, The Dynamics of Chinese Politics (West Germany: Rand Corporation, 1981), p. 1.

Note 9: Peng Chien Wen, Analy-ing the Nation Building and political Development Theories of Dr. Sun Yat Sen's Three Principles of the People. (Taipei: Times English Press, December 1987), p. 58.

Note 10: The Committee on Party History of the Kuomintang Central Committee, Dr. Sun Yat sen Collection, vol. 1 (Taipei: The Party History Committee of the ROC Kuomintang Central Committee, March 1, 1988), pp. 780 781.

Note 11: Shao T-u ping, "Principles of Independence", National Relations, vol. 4, Yunwu Social Science Dictionary (Taipei: Taiwan Executive

Publishing House, April 1985, additional 3 editions), p. 343.

Bibliography (Partial)

I. English Bibliography

1. Lucian W. Pye. *Aspects of Political Development*. Massachusetts: Institute of Technology, 1966.

2. Lucian W. Pye. *The Dynamics of Chinese Politics*. West Germany: Rand Corporation, 1981.

3. Robert A. Dahl. *Polyarchy participation and Opposition*. New Haven and London: Yale University Press, 1971.

II. Chinese Bibliography

1. A Li Lu. *Political Science Methodology*. Taipei: Sanmin Bookstore, September 1985.

2. Chun Po Yi. *Political Theories and Research Methodology*, Taipei: Sanmin Bookstore, September 1984, 4th Edition.

3. Chio Yung Kuo, *Researching Political Science Methodologies*, Taipei: Taiwan Executive Press, May 1988.

4. Chien Wen Peng, *Analy-ing the Nation Building and Political Development Theories of Dr. Sun Yat Sen's Three Principles of the People*. (Taipei: Times English Press, December 1987.

5. Peng Tai Yang, *The People's Self Determination: Theory and Practice*. Taipei: chengchung Bookstore, August 1994.

6. Ping Lun Chiang, *Political Development Theories*, Taipei: Taiwan Executive Press, March 1985, 5th Edition.

7. Ping Lun Chinag, *Asian Political Culture: A Case Study*, Taipei: Wunan Library Press, June 1989.

8. Ling Sheng Kung. *The Great Strategies*. Taipei: Haolien Press, October 31, 1995.

9. Teng hui Lee. *Running Taiwan*. Taipei: Yuanliu Press, January 15, 1996.

10. Alvin Toffler. *Powershift*. Translated by Ing chun Wu & Ling Po. 2nd Edition. Taipei: Times Culture Press, March 30, 1995.

11. Kuo Kuang Wu & Chao chun Wang. *China after Deng Xiao Ping*. Taipei: World Bookstore, March 1994.

12. Chao Ran Hsiao. *Political Development of China and the Multiparty Co-alition System*. Beijing: Beijing University Press, February 1991.

13. Kungchi Chenghung. *The Splintering of China*. Taipei: Diamond Lifestyle Press (Original Version Publisher: _____ /art: Spring Autumn), 1995.

14. Kung Chuan Hsiao. *Chinese Political Thought*. (vol. 1 & 2). Taipei: Chinese Culture University Press, July 1985, 3rd Edition.

15. Maurice Duverger. *The Idea of Politics*. Translated by pao Min Chang. Taipei: Shihku Publishing Co., October 1, 1980.

16. Samuel Huntington. *The Clash of Civili-ations and the Remaking of World Order*. Translated by Yu Mei Huang. Taipei: Lienching Publishing Co., September 1997.

17. Li Chin Hua. *Political Science*. Chingshih Bookstore, October 1987, additional edition.

18. Meng Wu Sa. *Chinese Political Thoughts*. Taipei: Sanmin Bookstore, March 1987.

19. Karl R. Popper. *The Open Society and It's Enemies*. Translated by Ing Ming Lee & Wen Rui Chuang. 1st Edition, Taipei: Laurel Library Co., January 20. 1988.

20. The Committee on Party History of the Kuomintang Central Committee. *Dr. Sun Yat sen Collection*, (six volume set)(Taipei: The Party History Committee of the ROC Kuomintang Central Committee, March 1, 1988.

21. Fu Cheng Chen. *A Study of China's Military Takeover of Taiwan*. Taipei: Golden Taiwan Publishing Co., July 10, 1995.

22. Fu Chen. *The Defense of Taiwan*. Taipei: Golden Taiwan Publishing Co., November 1, 1995.

23. Fu Cheng Chen. *An Overview of our National Security*. Taipei: National Taiwan University Military Training Office, August 1997.

24. Fu Cheng Chen. *The Paradox of National Security and the Intelligence Agencies*. Taipei: Lion Cub Culture Publishing Co., July 1998.

III. Journals

1. Lin Cheng Chang. Secession: A Retrospection and Demeanor, Problem and Research. Vol. 33, issue no. 10, October 1994.

2. Hsin Hsing Wu. *Integration Theory and Its Application in the China Problem*. Problem and Research. Vol. 34, issue no. 2, February 1995.

3. Jan Skaloud. *The Future of a Splintered Nation: Unification or Secession?* Problem and Research. Vol. 34, issue no. 2, February 1995.

4. Chien Min Chao. *A Comparison of the Unification Policies of Taiwan and China*. Problem and Research. Vol. 34, issue no. 3, March 1995.

IV. Academic Meeting theses

1. Lang Kao, *Analy-ing the Conditions and Difficulties of Cross Strait Integration through the Integration Theory*. Organi-ed by the National Taiwan University Political Science Dept., Cross Strait Relations Seminar, November 7, 1998.

2. Wu Yueh Chang. *Delving into the Splintered Nation Model*. Organi-ed by the National Taiwan University Political Science Dept., Cross Strait Relations Seminar, November 7, 1998.